授業のUD Books

体育授業のユニバーサルデザイン

筑波大学附属小学校
清水 由
Shimizu Yu

東洋館出版社

まえがき

運動場には、子どもたちの楽しそうな声が響いています。どの子も夢中になって友だちと声をかけあいながら運動しています。「集合！」子どもたちは、教師の回りにギュッと集まり自分の意見を発表します。その中から大事なポイントをまとめ、次の活動でそれを意識しながら、より楽しくより上手にできるように試行錯誤しています。

お互いに動きを観察し、自分の動きを考えながら教え合うことで上手になっていく。そんな子どもたちの姿を、普段の授業で見られるようになったらどんなにうれしいことでしょう。**自分の授業はもちろん、同じ学校の先生方や同じ地域の先生方の授業でも子どもが輝く体育授業をめざしたい**ものです。

そんな理想的な体育授業をめざしつつも、現実を見ると問題は山積みです。子どもたちの体力や技能、やる気などの大きな差をどうしたらいいのでしょうか？また、クラスの中には著しいつまずきを抱えていて、個別に配慮を必要とする子どもが何人もいて対応するのが大変難しいという現実もあります。

子どもの実態は見えていて、何とかしたいと思ってはいるけれど……。

しかし、体育授業には教科書がなく、何を糸口にして教材研究をしていったらいいのかわからない。生の授業から学ぼうと公開研究会に行って授業を参観するのだけれども、授業の準備物が多かったり流し方が複雑だったりしてとても真似できない。こんなことを思ったことが一度はあるのではないでしょうか？

また、現実的に、そもそも忙しすぎて体育授業の教材研究をする時間がない。一部の（元気な）子どもたちが喜びそうなゲームをやらせているだけで精一杯。もちろん、勉強不足からどのように指導していいのかわからない自分自身を反省しながら……。

このような現実を踏まえつつ、今できる精一杯の力で子どもたちが「できた」と笑顔になる授業を行いたい。そんな思いを実現するのが体育授業のユニバーサルデザインです。運動が苦手なあの子にとっても体育授業が苦手な先生にとっても、わかりやすく本格的でシンプルな体育授業です。

本書は「授業UD学会」の「UD体育支部」の先生方と学び合うことで蓄積してきた体育授業におけるユニバーサルデザイン化の在り方をまとめたものです。まだまだまとめきれていないところやこれから発展していくところなどたくさんあると思います。

体育授業をユニバーサルデザイン化するという考え方のもと、運動が苦手な子はもちろん、得意としている子も一緒になって楽しく学べる「全員参加の授業」をめざしています。同時に、体育授業が得意な先生も苦手な先生も子どもたちを楽しませながらしっかりと伸ばすことのできる授業をめざしています。

本書を読んでいただくことで、1人でも多くの先生が1人でも多くの子どもの笑顔を生みだすことができることを切に願っています。

目次

1 体育授業のユニバーサルデザイン化とは

1 子どものつまずきから授業をつくる

体育の授業は、身体を動かす活動自体が主な学習活動となるため、運動が得意な子、上手にできる子が目立ちます。しかし、それと同じくらい、あるいはそれ以上に運動が苦手な子や活動に参加していない子が目立ちます。

授業をしていると、どうしても動きがぎこちない子や活動とは関係のないことをしている子に目がいきます。

多くの子どもたちが楽しく活動しているその横で、壁の近くにいる子や活動している仲間の近くでほとんど運動をしていない子がいるのです。そういった子は先生に気づかれないように気配を消そうとしていることもあります。

そのような体育授業で気になる子は、クラスの中で技能水準が下位にある子や個別に配慮が必要な子です。体育授業をユニバーサルデザイン（以下、ＵＤ）化することは、そのような子たちも生き生きと笑顔で楽しめる授業となることをめざしています。

また、そのような子たちが楽しく学べるように工夫されている授業は、それ以外の子たちにとっても意味のあるわかりやすい学びにつながると考えています。

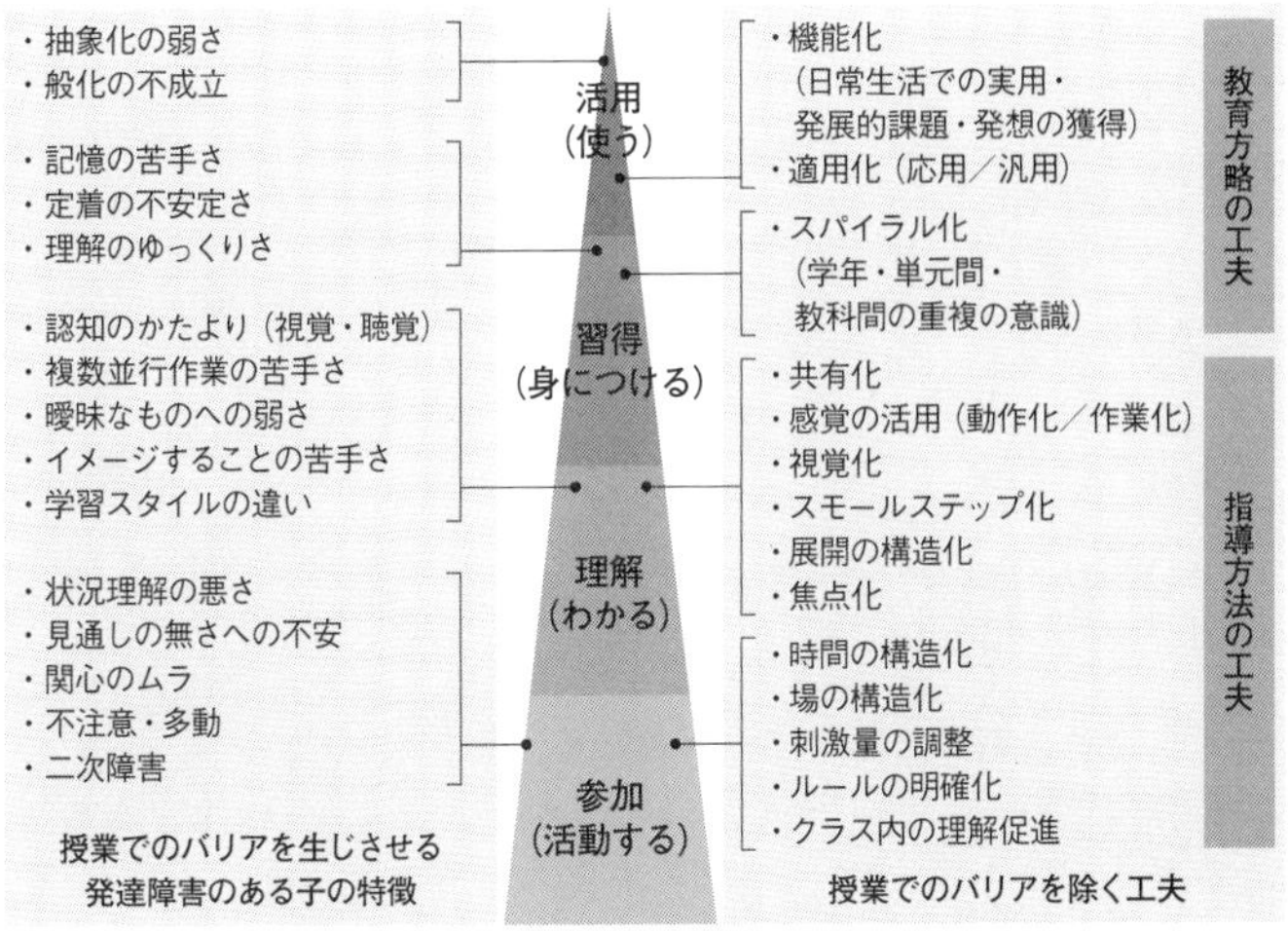

授業のユニバーサルデザインのモデル図

日本授業UD学会では、授業をUD化することは、「特別な支援が必要な子も含めて、通常学級の全員の子が、楽しく学び合い『わかる・できる』ことをめざす授業デザイン」であるとしています。

そして、上のような授業のUD化モデルの図によって授業を考える視点を示しています。

簡単に説明します。

図の真ん中の三角形は「授業の階層性」を示しています。子どものつまずきが〈参加〉〈理解〉〈習得〉〈活用〉のどのレベルのつまずきなのかを考える視点を示しています。つまずいている子が、どの階層でつまずいているのかを考えることで授業の工夫の仕方が変わってくるのです。

三角形の左側には「授業でのバリアを生じさせる発達障害のある子の特徴」が示されています。右側には、左側の特徴を「授業でのバリアを除く工夫」の視点が示されています。

この図を使うことで、クラスの子どものつまずきの特徴（実態）から、それがどのレベルのつまずきなのかを考えることができます。そして、そのつまずきを取り除くための工夫の視点から具体的にクラスの子たちのための授業を考えることができるのです。

ここに、授業のUDの特徴が表れています。授業のUDとは、「子どものつまずきをベースに授業づくりをしていく考え方」であると言えます。

体育授業の場合、プレイ論、特性論、スポーツ文化論、構成主義的なアプローチといった、心理学や社会学などを学問的な背景としてつくられる比較的難解な授業づくりがこれまでは中心となってきています。

子どものつまずきの実態から、すべての子が楽しく学び合い「わかる・できる」ことをめざす授業づくりが体育授業のUDなのです。

UD化された授業は、子どもたちにとって良い授業だと考えられます。逆に、良い授業はUD化されていることが多いとも考えることができます。

2 授業の階層性について

（1）「〈参加〉階層」

授業に「参加する」というレベルでつまずく子どもがいます。

例えば、小グループごとに教具を準備してそれぞれで活動する場面です。何をどこから準備してどこへ置けばいいかわからない子がいます。どの場所で活動していいのか戸惑う子もいます。そのような子たちは、学習に参加するのに時間がかかってしまったり参加できなかったりしてしまいます。

教師の指示や場のつくり方の工夫が必要です。例えば、教具を置く場所に印を付けておく、活動する場所を掲示しておく、毎時間同じ場所で活動する、といったわかりやすさが必要です。

このような具体的な工夫の視点を、次のように整理しています。

- クラス内の理解促進
- ルールの明確化
- 刺激量の調整
- 場の構造化
- 時間の構造化

（2）「〈理解〉階層」

「理解する（わかる）」というレベルでつまずく子がいます。

例えば、ボール運動でルールを確認してゲームをする場面です。毎時間や2時間に1回ごとにルールが変わってしまい、ルールに従って動けない子がいます。少しずつの変更であっても戸惑ってしまう子が出るのです。

また、チームで作戦を立てるものの、自分がどのように動けばいいのかがわからずに楽しめない子がいます。

このような子たちは、わからないことで自信が持てず動けなくなってしまいます。ルールや作戦をシンプルにすることで、自信を持って動けるようになります。

例えば、単元を通してルールは変えない、あるいは1回程度の変更に留めることや、複雑な作戦を立てるのではなく、シンプルな作戦を教師が2～3つ提示して選択できるようにするといったことです。

このような具体的な工夫の視点を次のように整理しています。

- 焦点化
- 展開の構造化
- スモールステップ化
- 視覚化
- 感覚の活用（動作化／作業化）
- 共有化

（3）「〈習得〉〈活用〉階層」

「習得する（身につける）」「活用する（使う）」というレベルでつまずく子がいます。

例えば、跳び箱運動で開脚跳びに挑戦する場面です。

開脚跳びができるようになるためには、両足で踏み切って体を前に投げ出す感覚や腕で体を支持する感覚、重心移動の感覚が養われている必要があります。

そのような基礎感覚が養われていない子は、体を前に投げ出すことを怖がってしまったり、重心を移動させることができずに跳び箱の上で止まってしまったりします。

教師が系統性の視点を持つことや繰り返し経験させる工夫をすることが必要です。

例えば、跳び箱単元の前に別の単元（体つくり運動単元など）としてくま歩きや手押し車で腕で支える感覚を経験させておいたり、うさぎ跳びや馬跳びで体の投げ出しや重心を移動する経験を遊びの中で保証しておくといった工夫です。

跳び箱の単元に入った後でも、教師の補助で何度も跳び越えることで、開脚跳びの動きの一連の流れを丸ごと経験することを保証するといったことです。
このような具体的な工夫の視点を次のように整理しています。

・スパイラル化
・適用化／機能化

体育授業の場合、「できる・わかる」の関係から見ると、４つのタイプの子がいます。

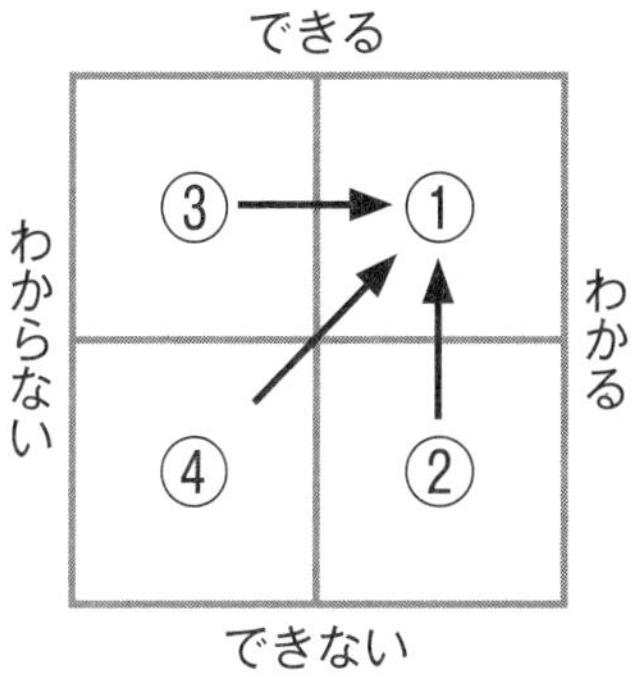

①「できる」し、「わかる」子
②「できない」が、「わかる」子
③「できる」が、「わからない」子
④「できない」し、「わからない」子

子どもたちは、単元が始まる段階で①～④のいずれかに位置しています。授業を通して全員が①の状態になることをめざします。

つまり、授業の階層性の〈理解〉と〈習得〉のどちらが上

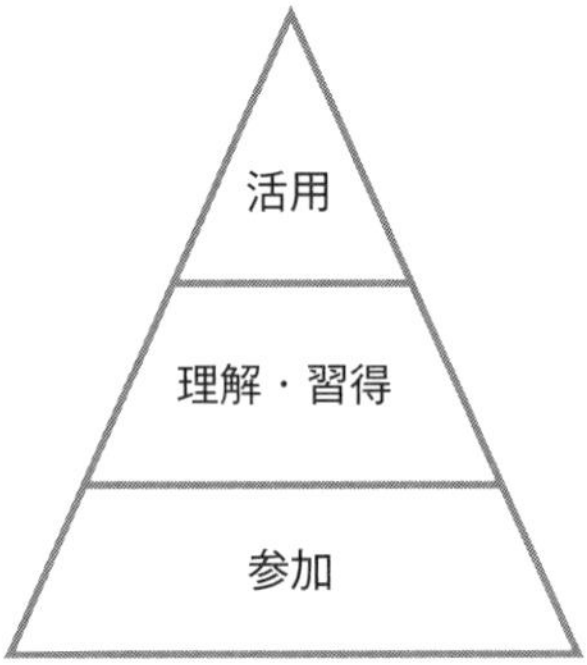

体育授業の階層性モデル図

になるのかは、それぞれの子によって異なるのです。

体育授業としては「知識」と「技能」の関係に軽重はありません。むしろ「知識」と「技能」は一体として捉え、ともに学んでいく対象です。

従って、知識の〈理解〉と技能の〈習得〉にも上下はなく、フラットな関係として捉えています。

体育授業では、上の図のように「〈理解〉〈習得〉階層」の上に「〈活用〉階層」があると考えることにしました。

3 焦点化・多感覚化・共有化と個別の配慮

授業UD化モデルは「授業でのバリアを除く工夫」（P13参照）として、授業を考えるたくさんの視点を教えてくれています。

体育授業のUD化では、授業づくりの大きな柱として「焦点化」「多感覚化」「共有化」という3つの視点と「個別の配慮」という合計4つの視点から授業を考えていきます。

それらは、授業UD化モデルの「授業でのバリアを除く工夫」のうち、体育授業を行うにあたって特に重要な視点だと考えました。また、それら4つの視点は、その他の視点を包括することもできると考えています。

他教科の授業UDでは、焦点化・視覚化・共有化と言われています。

体育授業では、教科の特性から視覚だけではなく、さまざまな感覚を通して学びにつなげていくので、独自に「多感覚化」としました。もちろん、そこには、「感覚の活用」という視点も含まれています。

（1）授業を焦点化する

授業はできる限り焦点化してシンプルにします。
授業のねらい、学習内容、活動をシンプルにします。

これまでの体育授業は、複数の教具を使って複雑な場をいくつもつくったり、学習カードやチームカードなどにたくさん書き込んだりする傾向にあります。身につけさせたい内容が複雑であったり、活動が広がりすぎてしまったりすると、結果として授業がわかりにくいものになってしまいます。

体育は、子どもたちに伸びて欲しい、楽しんで欲しいと願いながらも、どのように指導していったらいいのかわからないという教師が多い教科です。授業がわかりにくい傾向にあるのは、子どもたちだけでなく、教師にとっても同じなのです。そんな教師の困り感をなくしていくためにも、体育授業をシンプルにしていくことが必要です。

（2）授業を多感覚化する

体育授業は、視覚や聴覚、触覚といった感覚を活用したり、さまざまな動きの基礎感覚を駆使したりして理解や習得をめざしていくことが学びとなります。

運動には、動きができるための一連の流れ（運動リズム）があり、それを口伴奏や補助などを使って習得していきます。

そこでは、聴覚や触覚を活用していく学びとなります。

例えば、長なわ跳びを小集団で行う場面では、長なわを回している子のリズムと入って中で跳ぶ子のリズムが合わなければなりません。回している子も跳ぼうとしている子も口伴奏などを使ってお互いにリズムを合わせようとすることで入ったり出たりすることができるのです。

最初の1歩が怖くて入れない子の場合、友だちにタイミングを補助してもらうことでできるようになります。その補助は、背中や肩をそっと押したり手をつないで一緒に入ったりしてタイミングを補助します。このとき、どこでもいいから触れていることが動きのタイミングを理解したり習得したりするカギとなります。
多感覚化という言葉の中には、他教科と同じように、視覚的に理解を促すという意味も含まれています。例えば、ボール運動の行い方やルールなどは、文字や言葉による説明よりも、目の前で実際に動きを見て補足的に言葉で説明してもらったほうが子どもたちにとっては理解しやすいです。
ポイントを考えるときも、実際に上手な子に見本として動いてもらい、その動きの中からポイントを見いだすほうがわかりやすいです。

また、ある運動の技ができるようになるには、その動きの基礎となる感覚が養われている必要があります。さまざまな基礎感覚を応用することで技ができるようになるのです。この点については、3章で詳述します。

体育授業における多感覚化とは、五感のうちの3つの感覚（視覚、聴覚、触覚）やさまざまな動きの基礎感覚を活用していくように授業を考えていくということです。

（3） 授業を共有化する

授業で共有化する前提として、体育授業においても認知的学習場面（みんなで運動のポイントを見つけたり考えを交流したりする、あるいは1人でじっくりと考える時間）をきちんと位置づける必要があります。

ともすると、体育授業は活動ありきで子どもたちが活発に運動していればそれでよいという風潮があります。すべての時間でとは言わないまでも、単元計画の段階で子どもたちが思考する場面を考えておきます。**共有する情報は、運動の行い方やルール、子どもの困り感、運動のポイントといった内容です。**

また、理解をクラス全体で進めるために、全体での発問・応答だけでなく、ペアや小グループで考えを交流する、ある子の発言の続きを話させる、自分の言葉で言い換えさせるといった工夫をします。

こうした活動を通すことで全員での理解、共有化が可能となります。

（4）個別の配慮

体育授業は、基礎感覚がどれほど養われてきたかによって授業での技能成果が大きく異なってきます。つまり、それまでの運動経験によってすぐにできるようになる子と時間のかかる子がいるということです。

焦点化、多感覚化、共有化という視点で授業を工夫していったとしても、子どもによっては活動が停滞してしまうことは想定しておく必要があります。そういった子に対して、個別に授業内での支援を考えておきます。

例えば、鉄棒での前回り下りが怖くてできない子に対して、教師が安全に配慮しながら1人でできるようになるための補助をしてあげる、落ちても痛くないマットを敷いてあげる、お腹が痛くならないような補助具をつけてあげるといったことです。

体育授業における「個別の配慮」は、「補助」や「場の工夫」などが考えられます。

「補助」には、教師の補助、子ども同士の補助、教具による補助があります。

「場の工夫」はさまざまですが、その子の困り感に応じて教具の置き方や使い方を工夫します。

このような**「個別の配慮」で留意しておきたいのは「教師や子ども同士の補助、補助具を使えばできる子」も「できた」と評価してあげたいということです。**本当にできない子は、これらの補助で行おうとしてもできません。補助でできるということは、それなりの「動ける体」になっていると考えることができます。

また、**「補助」であったとしても運動の流れ全体を経験することは、基礎感覚を養うことにつながります。**教師による補助から友だちの補助、友だちの補助から補助具を使ってというように、補助であってもスモールステップで伸びていくことを経験できます。

「場の工夫」は、これまでの体育授業においてさまざまな領域にわたって研究されてきました。しかし、これまで考えられてきた「場」は、すべての子を対象とし、全員がローテーションなどをして経験する「場」として捉えられてきました。

「個別の配慮」としての「場の工夫」は、配慮の必要な子の課題に合う「場」として提供するものです。学習内容を焦点化した体育授業は、共通課題で授業が展開されます。その共通の課題に対して「個別の配慮」が必要な子が現れてくるのです。

○は、授業前に考えておく視点 ◇は、授業内で教師が行うこと

活用	焦点化	多感覚化	共有化	個別の配慮
習得・理解	○スモールステップ（系統性） ○モジュール化 ○共通課題の設定 ○学習内容の焦点化 ◇問い返す ○学習内容を誇張する教材化	○口伴奏 ○運動感覚習得の教具・場 ○変化のある繰り返し ◇運動の視覚化 ○ポイントやコツの言語化 ◇広げる	○共通言語の活用 ◇発問する ◇助言する ・教師 ・子ども ○児童間補助 ○共通言語化 ◇強化する ・全体 ・グループ	◇教師補助 ○教具・場の工夫 ◇動きの言い直し ○ICT 機器の活用
参加	○学習環境の構造化　時間（マネジメント）、並び方、固定小集団、ルール、指示、教具、場、視覚的配慮 ○肯定的な雰囲気づくり　リズム太鼓（音楽）、リーダーの活用・協力、励まし・承認の声かけ ○基礎感覚づくり（そろえる）　各領域の基礎感覚			

図　体育授業ＵＤ化モデル（2019年Ver.）

（5）体育授業でのバリアを取り除く工夫

ここまで述べてきた焦点化、多感覚化、共有化、個別の配慮といった「指導の工夫」の視点を体育授業の階層性モデル図と組み合わせ、「体育授業ＵＤ化モデル」として整理しました。

この図では、子どものつまずきの階層とそれに対する具体的な指導の工夫の視点を見いだすことができます。

〈参加〉階層におけるつまずきは、明確に分けることはせず「学習環境の構造化」「肯定的な雰囲気づくり」「基礎感覚づくり」という共通の視点としてまとめました。〈習得・理解〉階層では、授業づくりの視点を細かく示しました。この後、2章で具体的な授業実践例を紹介していきます。

4 三段構えの指導モデル

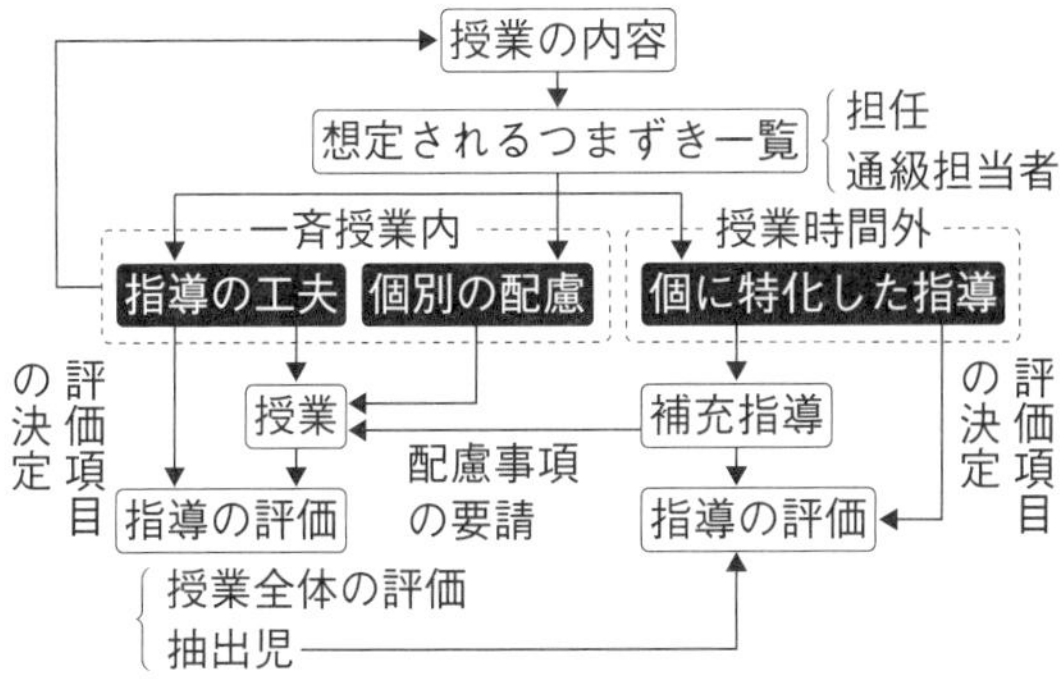

図　三段構えの指導
（小貫悟・桂 聖『授業のユニバーサルデザイン入門』より）

授業のＵＤでは、三段構えの指導として上の図のような授業方略を提案しています。

教師の構えとして、次のような三段階を考えておきます。まずは一斉指導の授業の中で「指導の工夫」を行い、できるだけ多くの子が楽しく、できる・わかるを実現しやすい授業をめざします。次に、その工夫の中でも学ぶのが難しい子に対して授業の中で「個別の配慮」をします。

それでも学ぶことが厳しい子には、授業外で「個に特化した指導」をすることを考えて、まずは授業そのものを全員が楽しく、できる・わかるを実現しやすい授業となるように工夫をすることが大切です。

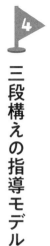

（1）「指導の工夫」

ここまでにも述べてきましたが、授業のＵＤは「子どものつまずきをベースに授業づくりをしていく考え方」です。目の前の子どもたちの実態から「つまずきを想定」することで楽しく、できる・わかる授業をめざします。

例えば、ボールを上手に投げることに内容を焦点化した授業を考えます。想定できるつまずきは、①投げるときに、同じ側の手と足が出てしまう②投げる方向に対して正面を向いてしまうといったことが挙げられます。楽しく行えるようにゲーム化しますが、ゲーム化することによって正しい動作を忘れてしまいがちです。そこで、ラインを１本引き、それをまたいで投げることでつまずきを防ぎます。

ラインをまたいで
投げる

つまずき②
正面を向く

つまずき①
手と足が一緒

（２）「個別の配慮」

全員が楽しく、できる・わかるを実現しやすい授業をめざして「指導の工夫」を行っても、活動が停滞してしまう子がいるかもしれません。おそらく、そういった子が出てくることを前提に授業を考えておいたほうがいいと思います。

そういった子には、授業の中で個別に支援を行います。例えば、先ほど示したボール投げの授業では、ラインをまたぐことで上手な投げ方をわかりやすく理解することができます。

しかし、ゲームに夢中になると、その動きを忘れてしまったりぎこちなくなってしまったりする子もいます。そういった子には、下のイラストのように教師が投げ方の補助をします。

このような配慮は、他の子に意識されすぎてその子が恥ずかしい思いをしないよう、周りの子と同じ動きやゲームをする中でさりげなく支援します。

(3)「個に特化した指導」

授業の中で「指導の工夫」や「個別の配慮」を行っても活動が停滞してしまう子がいる場合には、授業外で「個に特化した指導」を行います。

体育授業の場合、「個に特化した指導」を必要とする子の多くは、経験や基礎感覚の不足が考えられます。

そのような経験や感覚の不足を補うには、例えば、授業の前や後の時間や休み時間での指導が有効です。

ボール投げの例を再び挙げると、お昼休みや中休みといった少し長めの休み時間にその子とキャッチボールをして遊ぶといったことが考えられます。

子どもの実態によっては、正しい投げ方を身につけさせること以前に、ボールを転がしたり弾ませたり追いかけたりといった、まず楽しませることが必要な場合もあります。一緒に遊ぶことを通して、ボールを使うことの楽しさを味わい、ボールの動き方といった性質を感覚的に捉える、いわゆる「ボール感覚」を養うことができます。

2

具体的な授業実践例

体育授業のＵＤ化で、授業を考える手続きを具体的に確認しておきたいと思います。

体育授業のＵＤ化は「子どものつまずきをベースに授業づくりをしていく考え方」です。

次のような思考の順番を基本として授業づくりを行います。

「子どものつまずき」を想定する
↓
「つまずきの階層（レベル）」の確認
↓
「体育授業ＵＤ化モデル（Ｐ28）」を参考にして、それぞれの階層ごとに指導の工夫（焦点化、多感覚化、共有化）、個別の配慮について考え、個に特化した指導についても具体的な手立てを考える。

1 低学年の授業実践例

体つくり運動「基礎感覚づくり」を意図した授業

①低学年の体つくりの運動遊びにおける「子どものつまずき」

すごく動ける子は鉄棒や跳び箱を使った運動はもちろん、走ることも潤沢に経験していて、大抵のことは器用に動くことができます。

また、走ることは得意だけれども、鉄棒やマットを使って逆さま姿勢になったり回ったりすることが苦手な子がいます。

もちろん、その逆の子もいます。そして、走ることはもちろん、逆さまになったり回ったりすることも苦手で、何をするにも動きがぎこちない子もいます。

これらの差は、それまでの運動経験の差と言っても過言ではありません。

そのために重要なのが「基礎感覚」です。

ヒトが新たな動きを獲得するには、その基礎となる感覚が養われている必要があります。基礎感覚が養われていないと、体をどのように動かしてよいのかがわからず、怖かったりぎこちなかったりするのです。

また、低学年期には、集団での行動にきちんと適応できない子もいます。集団での行動は、一緒に話を聞いたり待機したりといった時間が必要になります。そういった周りの子と同じように行動することに慣れていない子もいます。教師からの指示が複雑になると混乱してトラブルを起こしてしまう子もいます。

低学年期の子どもの具体的な「つまずき」としては、次のことが考えられます。

・集まったり並んだり、準備や片付けができない。
・友だちとけんかになってしまう。

・体、腕や足にめいっぱい力を入れることができない。
・自分の体重を腕で支えることができない。

他にも

・逆さになったり回ったりすることができない。
・授業の中での約束を守れない。

○は、授業前に考えておく視点 ◇は、授業内で教師が行うこと 太字はこの授業で詳述する項目

活用	焦点化	多感覚化	共有化	個別の配慮
習得・理解	○スモールステップ（系統性） ○モジュール化 ○共通課題の設定 ○学習内容の焦点化 ◇問い返す ○学習内容を誇張する教材化	○口伴奏 ○運動感覚習得の教具・場 ○変化のある繰り返し ◇運動の視覚化 ○ポイントやコツの言語化 ◇広げる	○共通言語の活用 ◇発問する ◇助言する ・教師 ・子ども ○児童間補助 ○共通言語化 ◇強化する ・全体 ・グループ	◇教師補助 ○教具・場の工夫 ◇動きの言い直し ○ICT 機器の活用
参加	○**学習環境の構造化** **時間（マネジメント）、並び方、固定小集団、ルール、指示、教具、場、視覚的配慮** ○肯定的な雰囲気づくり リズム太鼓(音楽)、リーダーの活用・協力、励まし・承認の声かけ ○基礎感覚づくり（そろえる） 各領域の基礎感覚			

図 体育授業ＵＤ化モデル（2019年Ver.）

②つまずきの階層の確認

想定したつまずきのほとんどは〈参加〉階層のつまずきです。

体育授業は、移動や待機することが多いです。場や教具の準備・片付けといったことも何をするかによって違うため、迷ってしまう子も少なくありません。

子どもたちが淀みなく授業に参加するには、そういった迷いや不安が少なくなるように考えます。そのような迷いは空白の時間を生み、約束を守れない空間をつくったりけんかを誘発したりしてしまいます。また、力を入れたり支えたりすることができなかったり、逆さになることや回ることができなかったりすることは、基礎感覚が養われていないということです。

さまざまな動きの基礎感覚が養われていないと、運動をゲーム化して楽しもうとしても楽しむことができません。動きそのものが怖かったりぎこちなかったりすることで、授業に参加することができないのです。

③指導の工夫　学習環境の構造化

参加レベルのつまずきは、「学習環境の構造化」「肯定的な雰囲気づくり」「基礎感覚づくり」から授業を考えます。

子どもたちが淀みなく授業に参加するには、いつも同じような流れや場で行うことが大切です。体育授業は教材によって異なる場所へ移動することや待機することが多く、迷ってしまう子もいます。毎時間同じような流れにすることによって子どもたちも迷うことなく動くことができます。このような流れや場などを工夫することを「学習環境の構造化」と言います。

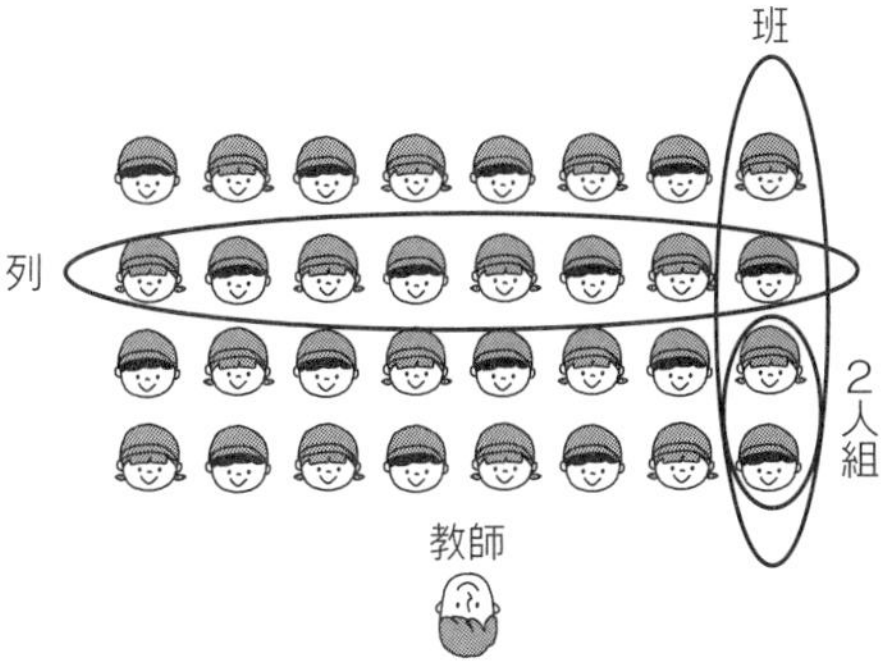

4列横隊の図

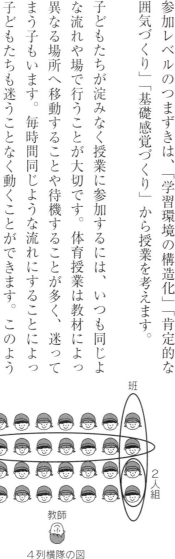

例えば、並び方を前のページの図のようにして1年間固定します。

背（体格）の順で4列横隊とし、男女は交互にして前後左右が異性になるようにします。

縦の4人で班とします。

その中の男女のペアが2人組です。

横の8人組は、列です。

低学年の子どもには、この4列横隊の並び方を基本として、大きく崩れない程度の活動をしていきます。

例えば、44ページで詳述する基礎感覚づくりの運動や鉄棒を使う運動です。

鉄棒の場合、下図のように1列ずつ順番に運動して、後ろに並んでいきます。

鉄棒での並び方

鉄棒を使う場合は、並び方が背の順になっているので、同じ高さの場所が使えます。

学習規律（授業の中での約束）を明確にしておくことで、ふざけてしまったりけんかになったりすることを防げることがあります。

例えば、「姿勢よく座って話を聞いている」とか「運動をしている友だちを応援する」といったことです。

そのような教師が良いと思う態度を授業の中でどんどん評価して全体に広げていきます。

子どもたちは、どのような態度が授業において適切なのかをわかっていきます。

拍手やハイタッチをしてあげるなんていいね！
全力で頑張っているね！
友だちに優しく声をかけてあげられたね！
待っている姿勢が素晴らしい！
目を見て話を聞いてるね！

教師の声かけ

④指導の工夫　肯定的な雰囲気づくり

授業の中での約束は、運動する時間をたくさん確保する意味でも、子どもたち同士の余計なトラブルを生まないという意味でも重要です。

しかし、**約束事ばかりを強調していると、授業が規律的になって運動の楽しさを感じることができなくなってしまうこともあります。**

学習規律を守る中でも、子どもたちが楽しく運動できるような雰囲気づくりを意図していくことが大切になります。

例えば、音楽を流したりリズム太鼓を使ったりして雰囲気を盛り上げることができます。

また、**教師が子どもたちに励ましや承認といった肯定的な言葉をかけることを常に心がけることでも雰囲**

いいねー、きちんと座れてすばらしい！
○○さん、真っ直ぐ並びなさいって言っているでしょ！

気を盛り上げることができます。低学年の子どもにとって、教師からの励ましの言葉はこちらが思っている以上に勇気づけられます。先生が自分のことをきちんと見てくれているという安心感にもつながります。

特に、できる・できないがはっきりしている運動は、自信のない子は不安に思ってしまって行えなかったり、感情的になってしまったりします。

個々の子どもの性格や経験にもよりますが、失敗することに対して敏感な子もいます。

そのような自信がなかったり不安に思ったりする子がいることを前提にして、授業中に子どもたちを見て回ります。適切なタイミングで声をかけることができれば、その子はしっかりと前向きに運動に取り組むようになります。

何回かやったらすぐに
できるようになるから
大丈夫だよ。
先生がお手伝いをして
あげるから安心して。

⑤指導の工夫　基礎感覚づくり

基礎感覚づくりは、子どもたちにとって大変重要です。基礎感覚が養われていないと運動をゲーム化して楽しもうとしても楽しむことができないこともあります。低学年のうちに基礎感覚づくりの運動の経験をたくさんさせておくようにします。

基礎感覚づくりの運動をシンプルな形で効率的に行うには、「折り返しの運動」が適しています。

折り返しの運動は、10m程度（バレーボールコートの横はば）の距離を動物歩きなどで行って返ってくるという運動です。

立った姿勢での運動や手をついた姿勢での運動、マットや鉄棒を使ったりと、さまざまなバリエーションが考えられます。

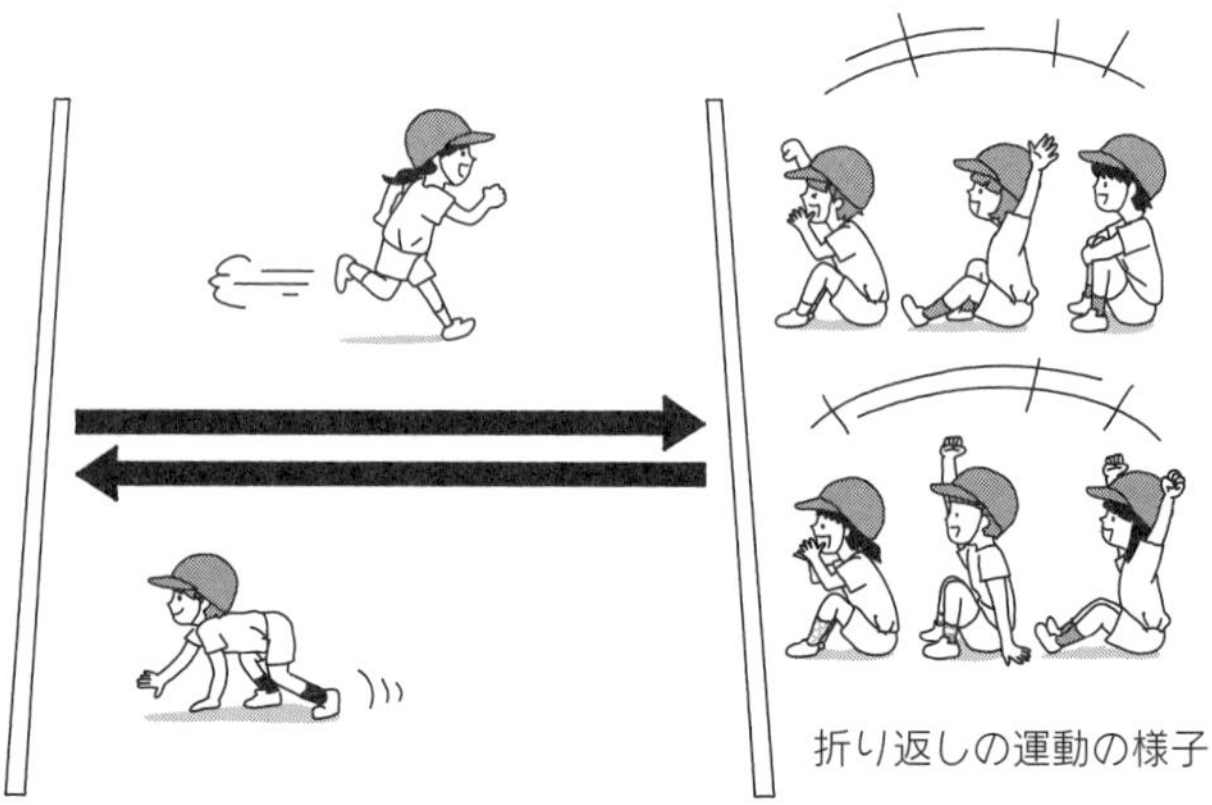

折り返しの運動の様子

⑥個に特化した指導

低学年の時期は、基本的に全員ができると思われるような簡単な運動で授業を考えます。

それでも子どもによっては、逆さや回転の感覚が養われておらず、みんなと運動に参加することを躊躇してしまう子もいます。そのような子には、休み時間に近づいていって一緒に遊ぶようにします。

例えば、正面から両手を持ってひざから登らせて後ろに回す「ぐるんぱ」や体によじ登らせるような遊びです。

また、何でもいいのですが、何か理由を付けて「ご褒美」と言って「高い高い」をしてあげたり「時計回り（気をつけの姿勢をさせ、そのまま抱えて1回転）」をしてあげたりします。このような遊びを通して回転感覚や逆さ感覚を養います。子どもは、大人に支えてもらっている安心感とともにその感覚を楽しみます。

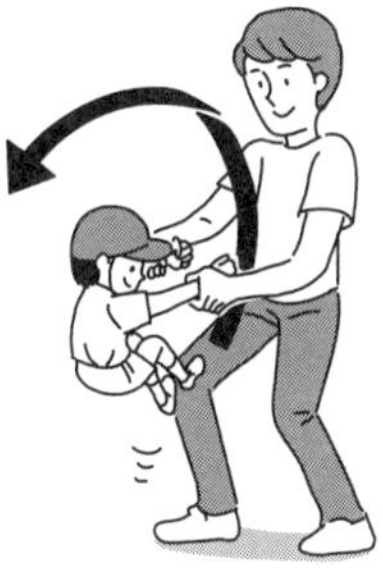

ぐるんぱ

時計回り

⑦授業の実際「じゃんけん対抗戦」と「折り返しの運動」

じゃんけん対抗戦の様子

4列横隊で座っている子どもたちに次のように説明をします。

「じゃんけん対抗戦をします。

1列目と2列目は、帽子をひっくりかえして白帽子にしましょう。3列目と4列目は赤帽子のままでいいです。

白と赤でじゃんけんをします。

勝ち負けが決まったらそれぞれ決められた動きをします。3人に勝ったらコーンの隣に並んで座っていきます。

3人に勝つまでたくさんの人とじゃんけんをすることになりますよ。

終わりの合図をしたときに座っている人数の多いチームが勝ちです。

最初の動きは、勝った人はかえるの足打ち5回、負けたら10回です。

それでは、広がって。よーい、スタート！」

このじゃんけん対抗戦で行う運動とその運動で意図する基礎感覚は、例えば下のような運動が挙げられます。

1つの運動についてそれぞれ勝敗のコールをしますが、何種類か行った後この時間トータルの結果として「○勝○敗で○チームの勝ち！」とコールして盛り上げます。

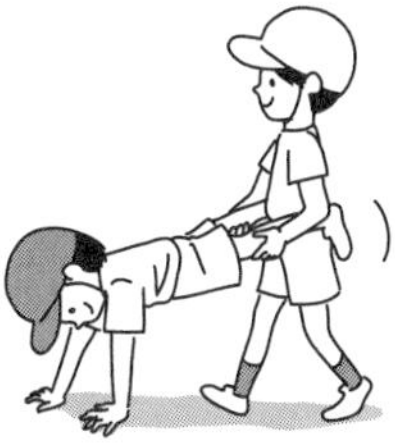

手押し車
（腕支持感覚、
体幹の締め感覚）

グーパー跳び
（仲間との同調）

ブリッジくぐり
（柔軟性、
腕支持感覚、
逆さ感覚）

他にも

- ・かえるの足打ち（腕支持感覚、逆さ感覚）
- ・おんぶ（体幹・四肢の締め感覚）
- ・よじ登り逆立ち
（逆さ感覚、腕支持感覚、体幹の締め感覚）
- ・馬跳び（両足踏切、重心移動の感覚）

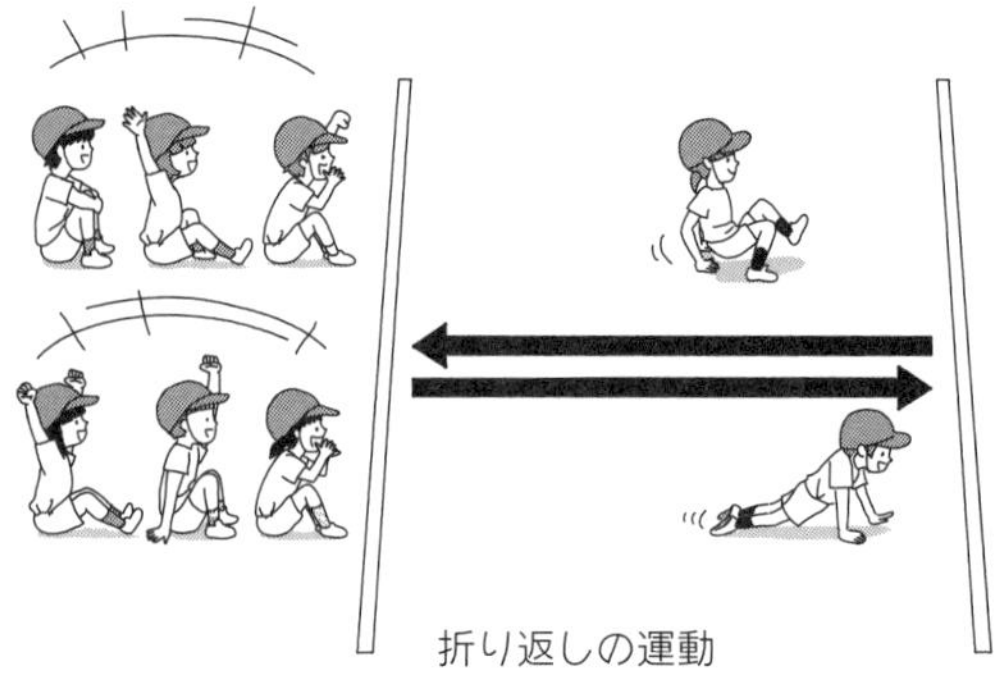
折り返しの運動

次に「折り返しの運動」です。

4列横隊の並び順のまま横に広げて線に並ばせます。

「○色の線までいろいろな歩き方で行って、返りは走って帰ってきます。

返ってきたら班の後ろに並んで座って待ちます。全員が終わったら手を挙げて先生に教えて下さい。

先生がゆっくり10秒数えるので、それまでに戻ってこれたら合格です。

最初は手をついてくまさん歩きで走ります。

1列目の子、行きますよ。

よーい、ドン！返りは走って！

5秒前！…4…3…2…1…セーフ！（アウト！）

2列目行きますよ。よーい、ドン！（4列目まで行う）

友だちを応援していた子がいましたね。えらい！

その子がいる班に1点ずつあげましょう。」

点数をもらった班は先頭の子から帽子をひっくり返していきます。
折り返しの運動で行う運動とその運動で意図する基礎感覚は、例えば次のような運動が代表的です。

くま歩き
（腕支持感覚）

うさぎ跳び
（腕支持感覚、
投げ出し感覚、
切り返しの感覚）

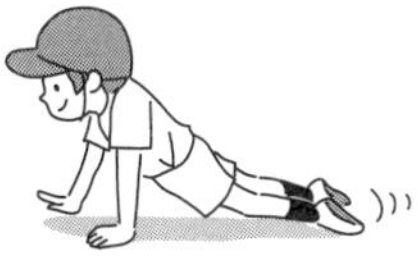

あざらし歩き
（腕支持感覚、
体幹の締め感覚）

クモ歩き
（手足の協応感覚、
体幹の締め感覚）

動物歩き系

両足ジャンプ
（前へ、高く）

大股歩き

ケンケン

スキップ

立位の運動系

折り返しの運動は、最初は10秒以内に返ってくることに挑戦する楽しさを味わいながら動きを繰り返します。

動きに慣れてきたら、リレー形式にして班に点数をあげていく形にします。

次のような観点で点数をあげる（評価する）ようにします。

・（速くても遅くても）最後まで全力で運動している。
・正しい動きで行って（行おうとして）いる。
・とにかく頑張っている。
・応援をしている。
・きちんと座って待っている。
・ハイタッチや拍手をしている。
・素早く並べた。
・素早く行う運動や順番を決めた。
・友だちに優しく教えてあげた。

などです。お気づきかと思いますが、**評価の観点は「態度」**です。

ここで基礎感覚づくりの運動を行いながら学習規律を理解させます。

①学年の水慣れ遊びにおける「子どものつまずき」

どの運動も同じですが「不安感」が運動への参加を躊躇させます。

水泳の場合、水への不安、呼吸への不安が主な原因だと考えられます。また、気温・水温や水深といった条件によっても不安感をあおられることがあります。

気温や水温が低いと、寒さで体がこわばってしまいます。体が小さかったり細かったりするとなおさら寒さに強くありません。体がこわばってしまうと力を抜くことができず、水泳本来の水に入っているだけで楽しい・気持ちいいという感覚を感じることができません。

また、水深が深いと、そこが立つことのできる深さであっても水に対して不安感のある子は、入ることができません。水に入ったときの感覚が体のどこまで水に入るのかによって違ってくるからです。

例えば、立つことのできる浅いところだとしても、腹部や下腹部が入るか入らないのか、あるいは脇や肩まで入るか入らないのかによって、水に入ったときの感覚が違います。一度入ってしまえば何でもないのですが、そういった刺激を受けやすい部位の感覚の変化が水に入ることを不安にさせています。

顔を水につけることができない子もいます。このような子は、水への不安感や呼吸への不安感があります。顔は、刺激を受けやすい部位なので、水がつくことを嫌がります。なんとか頑張って水につけることができたとしても、目や鼻・口へ水が入ることを嫌がります。これは、呼吸への不安感が原因です。呼吸に不安のある子は、息を吸ってこらえることをやっていなかったり、そもそもそれを行うこと自体を知らなかったりします。

ある程度もぐることができる子は、次にプールの底から足を離して浮くことに対して不安を感じます。浮力によって体が安定感をなくしてしまうことと、足が底から離れて意思と関係なく体が浮いてしまうことが自分の身体をコントロールできなくなってしまうようで不安なのです。

○は、授業前に考えておく視点 ◇は、授業内で教師が行うこと 太字はこの授業で詳述する項目

活用	焦点化	多感覚化	共有化	個別の配慮
習得・理解	○スモールステップ（系統性） ○モジュール化 ○共通課題の設定 ○**学習内容の焦点化** ◇問い返す ○学習内容を誇張する教材化	○口伴奏 ○運動感覚習得の教具・場 ○**変化のある繰り返し** ◇運動の視覚化 ○ポイントやコツの言語化 ◇広げる	○**共通言語の活用** ◇発問する ◇助言する ・教師 ・子ども ○児童間補助 ○共通言語化 ◇強化する ・全体 ・グループ	◇**教師補助** ○教具・場の工夫 ◇動きの言い直し ○ICT 機器の活用
参加	○**学習環境の構造化**　**時間（マネジメント）、並び方、固定小集団、ルール、指示、教具、場、視覚的配慮** ○肯定的な雰囲気づくり　リズム太鼓（音楽）、リーダーの活用・協力、励まし・承認の声かけ ○**基礎感覚づくり（そろえる）　各領域の基礎感覚**			

図　体育授業ＵＤ化モデル（2019年Ver.）

②つまずきの階層の確認

気温や水温、水深といった環境要因による不安感は〈参加〉階層のつまずきになります。

気候や施設の条件によるので、個人の力では何ともできないこともありますが、水に入ることを嫌がる子がいる場合は、できるだけ温かい気温・水温のときに入れてあげたいものです。そして、できるだけ浅いプールかプールフロアを沈めた浅い場所に入れてあげます。

そのような条件が揃わない場合は、教師がしっかり補助をして安心感を持たせた上で短時間だけ挑戦させて、その頻度を多くしてあげるといいでしょう。

水への不安感や呼吸への不安感を持つ子は〈習得・理解〉階層のつまずきになります。そうい

った子は、いわゆる水が苦手な子です。水のしぶきが顔にかかっただけでもすぐに手で水を払おうとします。プールに入って仲間と一緒に活動しますが、頑張ってもなかなかできません。

例えば、もぐろうとしてなんとか頑張って水に顔をつけると、プールの底をのぞき込むような姿勢で顔全体をつけます。しかし、すぐに顔を上げて手で水を拭いてしまいます。このようなもぐることに対する不安は、耳が水の中へ入ることによる感覚の変化からきています。耳に水圧がかかるという感覚の変化が怖くてなかなかできないのです。

また、呼吸に不安のある子は、息を吸わずにもぐってしまったりします。息を吸って水の中でこらえるということが「わかる」と、スムーズにできるようになることがあります。

顔だけ浸けて耳は入っていない

息を吸わずにもぐってしまう

顔を上げて手で水を拭いている

もぐっているが、苦しそうな表情で
すぐに顔を上げてしまう

③指導の工夫　焦点化

水遊びや水泳の授業は、次のように学習内容をシンプルに捉えます。

○浮く・もぐる
○呼吸する
○水中・水面で自由に動く
（身体を操作して進む）

授業では、「水の中は楽しい」と思える子を育てていきたいと考えています。

そのためには、まず、水の中で体をこわばらせてしまうのではなく、リラックスして意識しながら体を動かせるようになることをめざします。

浮く

呼吸

もぐる

進む

水の中で脱力して姿勢を保ちながら「浮く」ことができ「呼吸」がある程度自由にできれば、少なくとも水の中に入っていても安心して動くことができ、水の中特有の感覚を楽しむことができます。

そして、水の中である程度自由に体を動かせるようになるということは、さまざまな泳法を意識して動くことができるということです。

授業では、水の中特有の感覚を楽しむとともに、さまざまな動き方で行きたい方向へスピードを調節しながら進めるようになることをめざします。つまり、自由に移動することで楽しみ方がさらに広がることになります。方向やスピードを調節して進むには、四肢や体幹の緊張と弛緩を繰り返す身体操作の技能が必要です。

水遊びや近代四泳法（クロール、平泳ぎ、背泳ぎ、バタフライ）を中心としたさまざまな泳法を学ぶことで、水の中でも思うように動ける体を身に付け、自由に楽しめる子どもを育みたいと考えます。

④指導の工夫　多感覚化

子どもにとって水遊びや水泳は、水の中に入っているだけで楽しい・気持ちいいという感覚があります。他の運動領域にはない、水が体にまとわりつく感じや水圧を全身に受ける感じ、浮力によって体がふわふわ浮く感じが、非日常の感覚で楽しいのです。さらに、適度な気温・水温であれば、全身がリラックスして入っているだけで気持ちがいいのです。

そういった楽しさを味わうには、水に触れる触覚を意識した基礎感覚づくりの運動を重視することによって、水の中での感覚を養います。

水が苦手な子は、水のしぶきが顔にかかっただけでもすぐに手で水を払おうとします。

顔に水が触れる感覚が嫌なのです。それでもなんとか頑張ってもぐると、プールの底をのぞき込むような姿勢で鼻の頭から顔をつけたような姿勢になります。そして、すぐに顔を上げて手で水を拭いてしまいます。

水が触れる感覚を養うためには、もぐるときに体を沈めてから首まで、アゴまで、口ま

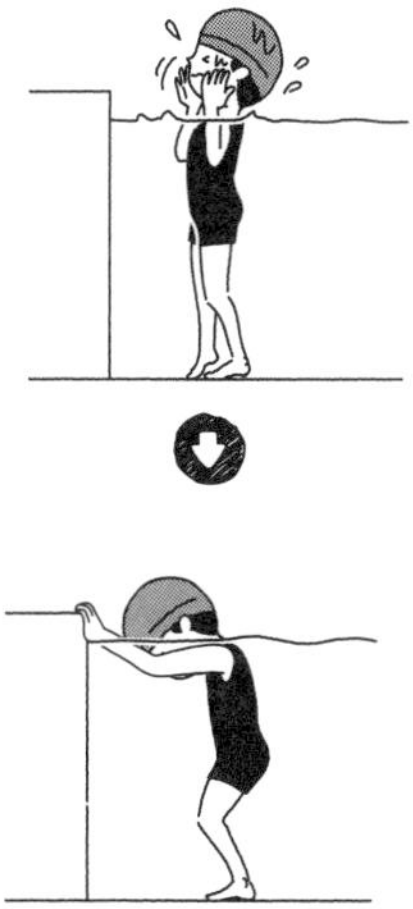

すぐに顔を上げる子を少しずつ水が触れる感覚に慣れさせていく

で、鼻まで、目まで、おでこまで、頭全部入れるというように子どものめあてを少しずつ変えて挑戦させます。

次に、

「1、2、3、ぱっ！1、2、3、ぱっ！」とリズミカルに声をかけて、何回も連続でもぐることに挑戦させます。リズムについていくことができなくても、ついて行こうと何度も行うことで感覚が養われていきます。

「もぐる」遊びや「浮く」遊びを潤沢に経験させることで、水に触れることに対する不安は解消されます。プールの底に体の一部をタッチして戻ってくる「もぐりっこ（P65参照）」やいろいろな姿勢で浮く「浮き遊び（P66参照）」も効果的です。

⑤指導の工夫　共有化

呼吸に不安のある子は、息を吸ってこらえることをやっていなかったり、実はそもそもそれを行うこと自体を知らなかったりします。

もぐる・浮く遊びを行うときに、教師がもぐる合図として息を吸いながら「ハァーッ」という音を大きく出します。それを子どもが見て真似することで、大きく吸うことや息をこらえることができるようになっていきます。「よーい、どん！」のような合図の場合、もぐる直前の息を吸うという動きをしないでもぐってしまう子もでてきます。苦手な子ほどそのような傾向にあります。

水の上で、しっかりと息を吸って口を閉じて止めて、短時間こらえてから「パッ！」と吐き、すぐにまた「ハァーッ」と吸って口を閉じてこらえるという呼吸の動作を繰り返すことを一度共有して練習しておくといいでしょう。

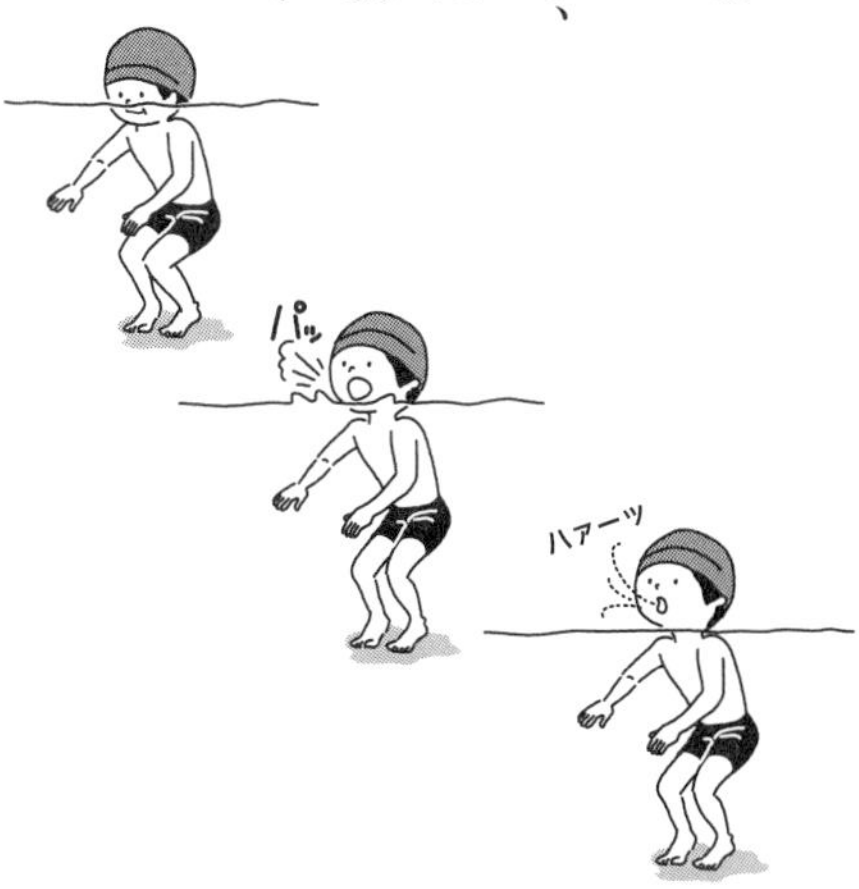

強く吐いてすぐにすう「パッ！ハアーッ」

⑥個別の配慮

苦手な子は、水の中では不安でいっぱいです。最も心がけなければならないのは、その子に少しでも安心してもらうことです。**安心感を持たせるには、教師の補助が重要です。**

補助は、正面で向き合い、両腕で上腕の下の部分（いわゆる二の腕）をしっかり握ってあげます。子どもの腕は、教師の腕の上に乗せて握らせます。教師がしっかり向き合ってギュッと握ってあげることで、子どもは支えてもらえるという安心感を持つのです。

この状態で声をかけながら一緒に呼吸のやり方や水へもぐったり浮いたり進んだりを練習します。子どもが握る腕の力が弱くなっていくと、リラックスしていくめやすになります。それに合わせて教師の握る力も弱めてあげましょう。また、子どもが足の着かないような深い場所では、腕を握る補助に加え、膝を上げて水中で座らせてあげるような補助が必要です。沈む前に教師の膝の

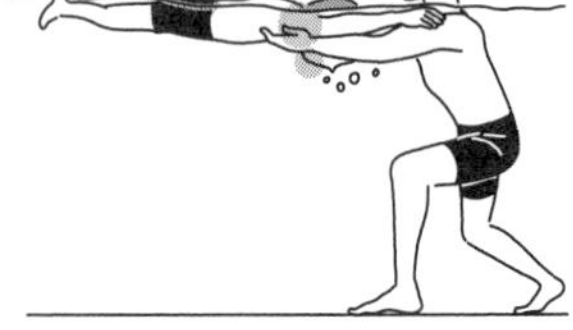

正面で両腕を握る補助

水中で座らせるような補助

上に座れるという安心感を持たせることができ、深いプールでも頑張ることができます。

ただ、補助の仕方としては前述の通りですが、普段から基本的な信頼関係をつくっておくことは忘れないで下さい。「この先生は信用できる」「無理矢理水の中へ入れたりしない」と思ってもらえないと、まったくやろうとせず逃げてばかりで頑張ってくれません。

また、補助具を使うのも有効です。

「水泳用ゴーグル」などは、水を嫌がる子には大変有効です。水の中で目を開けることができないだけでその他の動き（呼吸、もぐる、浮く、進む）を学べないのはもったいないように思います。水の中で目が開けられるようになるまでの時間を考えても、ゴーグルを使用したほうが早く動きや楽しさを学べます。

他にも、体がこわばってしまって浮くのが苦手な子には、「ヘルパー」や「浮力体感マット」などが有効ですし、「ビート板」もさまざまな使い方ができます。これらの補助具を使うことで、水の中は楽しいという感覚を少しでも感じ、余裕を持つことができれば、呼吸やもぐる、浮く、進むといった水泳の動きを意識することができるようになります。子どもが自信をつけて水の中を楽しめるようになってから補助具を外しても遅くありません。

⑦個に特化した指導

顔に水がかかることを強く嫌がる子がいます。

水泳の授業の場合、プールに入ることでさまざまな基礎感覚を養うことができます。しかし、強く嫌がる子の場合、プールに入ることそのものが大変です。

できるだけ、保護者に協力してもらいます。

内容は簡単です。次の2つのことをお願いします。

1つは、毎日のお風呂で洗面器にお湯を張り、両手ですくって顔を洗うということです。あるいは、シャワーで頭からお湯をかぶりながら両手でお湯を溜めて顔を洗うということです。

もう1つは、洗面器に顔をつけるということです。

広いプールだと不安になる子でも、洗面器に張った水だけに顔をつける程度だと頑張ることができます。

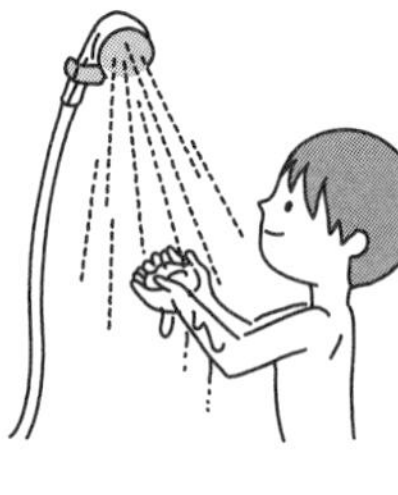

シャワーを頭から被りながら両手で水をためて顔を洗う

洗面器に顔をつける

⑧授業の実際「水慣れ」から「もぐりっこ」「浮き遊び」

プールサイドで準備運動をしてシャワーを浴びてバディ（2人組）を確認したら、ゆっくりとプールに入ります。

プールに入ると、子どもたちは興奮状態です。

ジャンプしたり水を跳ね上げたりしてとにかく体を動かします。

指示は、短く端的に行います。

水慣れ①「水中かけっこ」

「あっちの壁をタッチして戻ってくるよ。よーい、ドン！」

子どもたちが一斉に走り出します。

水の抵抗を受けながら前に進んでいくことが楽しいのです。中には、早く進もうと手で水をかきながら進む子もいます。

苦手な子には、活動の前にプールサイドにつかまって走るか、教師や友だちと手をつないで走るかを選んでもらいます。

子どもたちが戻ってきたら間髪を入れずに次の指示を出します。

水慣れ②「みんなで拍手」

水かけ合戦

みんなで拍手

「速かったのは、○○くんと☆☆さんと…おめでとう！拍手！」

みんなで水面をたたきます。はねる水しぶきが子どもたちの顔にかかります。

できるだけ多くの子の顔にかかるように盛り上げます。何かゲームをするたびにこの拍手を行い、水が苦手な子を確認します。

水慣れ③「水かけ合戦」

拍手をしてひと盛り上がりしたら、2列（バディ）で並ばせ、2～3mほど離れた列にします。

「○チーム対☆チームの水かけ合戦！後ろに下がる子の少ないほうが勝ち！よーい、ドン！」

2列が向き合って水をかけ合います。後ろを向いてしまう子や下がってしまう子の少ないほうを勝ちとします。上手に勝敗のバランスを考えて子どもたちを盛り上げます。

この活動でも、どうしても後ろに向いてしまう子を確認し、今後の活動で配慮をします。

水慣れ④「もぐりっこ」

「水をこねると糊になるよ。両手でこねて、こねて…頭にぺったんこ。はい、手が頭にくっついたよ（頬、肩、お腹など少しずつ下げていく）。もう離れません。」

「そのまま、3秒、鼻までもぐります。」

「せーの、ハァーっ！（吸う音を子どもに聞こえるように）」

「いち、にー、さーん、パッ！」

「できた人？おめでとう。拍手！（水面をたたく）」

この一連の流れであご、口、鼻、目、おでこ、頭全部といった順番でもぐらせていきます。

2〜4人の友だちと手をつないで同じことを行うように発展させます。手をつなぐと1人よりも頑張れる子が多いです。手をつないだ場合、拍手をするまで顔を手でふいてはいけないことにします。

苦手な子には「できるところまででいいから頑張ってみようね」と声をかけます。もぐる合図として「ハァーっ」という息を吸う音を聞かせてマネさせることで、吸うこと自体や息をこらえることができるようになっていきます。

子どもの実態によっては、2年生であっても1年生の活動と同じことを行います。またその逆も考えられます。

「もぐりっこ」によって水の中に入ったときの水圧や浮力から得る感覚に少しずつ慣れていきます。それまで耳にかかる圧力や体が思いもよらず浮いてしまうことが怖かった子が、慣れてくると楽しめるようになります。

水慣れ⑤「浮き遊び」

「もぐりっこ」の活動をしている中で、意図的に「いーち、にーー、さーーん」とゆっくりと数えるようにしていきます。

すると、もぐろうとしているのに、浮いてしまう子が続出します。

「すごいね！背中から浮いてしまっている子がいるよ。みんなできるかな？」と言って注目させて、そのまま「浮き遊び」に変えていきます。

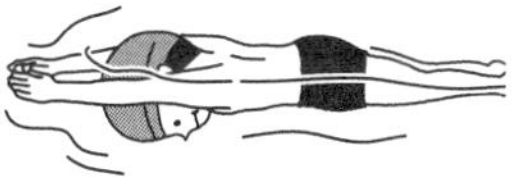

ロケット（伏し浮き）

だるま

くらげ

大の字

浮く姿勢は、「だるま」「大の字」「ロケット（伏し浮き）」「くらげ」です。緊張から力が入ってしまっていても構わない浮き方から、最後は力を抜いて浮く「くらげ」まで行います。

「簡単にできた人？1つの浮き方だと簡単な子が多いのでレベルを上げます。浮いている途中で変身するよ。最初は、だるまから大の字に変身。2秒ずつで合計4秒。せーのっ…」

この**「変身浮き」**は、3つの浮き方に挑戦するところまで行います。数える早さは、子どもを見ながら調整します。

どの浮き方を選んでも構いませんが、最後は脱力して浮く「くらげ」で終えるようにします。

もぐりっこと同じように、4人程度の友だちと手をつないで行うように発展させます。

ゲーム　おに遊びの授業

①低学年のおに遊びにおける「子どものつまずき」

おに遊びは、子どもたちが大好きな運動です。始めた途端に、テンションや集中力が一気に上がります。よくあるつまずきとしては、ルールやマナーに関するトラブルです。

タッチした／していない、ラインを出た／出ていない、勝敗にこだわって素直に負けを認められない、自分本位にルールを変えてしまうなどといったつまずきが見られます。

また、思い切り走り回っておに遊びを楽しんで欲しいという教師の思いとは裏腹に、ぎこちない動き方をする子やほとんど動かずにいる子もいます。

○は、授業前に考えておく視点 ◇は、授業内で教師が行うこと　太字はこの授業で詳述する項目

活用	焦点化	多感覚化	共有化	個別の配慮
習得・理解	○スモールステップ（系統性） ○モジュール化 ○共通課題の設定 **○学習内容の焦点化** ◇問い返す ○学習内容を誇張する教材化	○口伴奏 ○運動感覚習得の教具・場 ○変化のある繰り返し ◇運動の視覚化 ○ポイントやコツの言語化 ◇広げる	○共通言語の活用 **◇発問する** ◇助言する ・教師 ・子ども ○児童間補助 ○共通言語化 ◇強化する ・全体 ・グループ	**◇教師補助** ○教具・場の工夫 ◇動きの言い直し ○ICT 機器の活用
参加	○学習環境の構造化　時間（マネジメント）、並び方、固定小集団、ルール、指示、教具、場、**視覚的配慮** ○肯定的な雰囲気づくり　リズム太鼓(音楽)、リーダーの活用・協力、励まし・承認の声かけ ○基礎感覚づくり（そろえる）　各領域の基礎感覚			

図　体育授業ＵＤ化モデル（2019年Ver.）

②つまずきの階層の確認

ルールやマナーに関わるつまずきの多くは、〈参加〉階層のつまずきです。夢中になってしまい決められた範囲を出てしまったり、タッチされたことに気がつかなかったりします。始まった途端にルールが頭からとんでしまう子も少なくありません。

子どもたちがルールやマナーを気持ちよく守ってゲームを進めるには、ルール自体をシンプルにしなくてはなりません。複雑なルールでは、守れなくなってトラブルを生む可能性が高まります。

また、ルールやマナーを学ぶことも大事ですが、おに遊び特有の学習内容を学ぶことを忘れてはいけません。おに遊び中にあまり動かないとか動き方がぎこちない子がいるのは、〈習得・理解〉階層のつまずきと考えることができます。

③指導の工夫　学習環境の構造化

すべての子どもたちが楽しくおに遊びに参加するには、ルールやマナーが守られることが大切です。しかし、夢中になるからこそ気づかずにルールを破ってしまったり興奮してしまってルールを守れなかったりという子もいます。そういった子どもたちは、いわゆる「わざと」ルールを守らないということではありません。ルールやマナーを守ることを全体に指導するのは、そういった子をクラス全体で責める状況となってしまうことがあり、あまり得策とは言えません。

ルールの設定段階で、少し冷静になれるような条件をつけるようにします。

おに遊びの中で1人1人が自由に動き回れる度合いが大きいほど、先述のようなトラブルが起きやすくなります。例えば、「線おに」として線の上しか走り回ることができないようにする、「手つなぎおに」にして誰かと手をつないでいなければならなくするといったことです。「線の上を走る」とか「手をつなぐ」といった条件が興奮しがちな子どもたちを少し冷静にさせるのです。

おに遊びはさまざまな形が考えられるので、ひと工夫することでトラブルを回避できる可能性があります。

④**指導の工夫　焦点化**

おに遊びを楽しくできることは大変喜ばしいことです。しかし、子どもたちにおに遊びをして何を学んだのかを聞くと、何も答えることができなかったり仲良く遊ぶことといったどの運動でも当てはまるような答えが返ってきたりすることがあります。

これは「おに遊びでいったい何を学ばせるのか？」といった学習内容が焦点化しきれていないことも原因の1つと考えられます。子どもたちがおに遊びを行っているときにどんな声かけをしているでしょうか？1回のおに遊びを終えた後、子どもたちにどのような問いかけをしているでしょうか？おに遊びの学習内容は、次のように焦点化して考えます。

①急激な方向転換や緩急をつけて走ること
②相手の動きに応じて適切に動くこと（相手と反対や一緒の方向に動いてかけひきする）
③周りを見ながら動くこと（周辺視野を持つ）

もちろん、ルールやマナーを守って友だちと一緒に楽しむことも大切な内容です。おに遊びは元より、どの運動を行うときも同じように学習内容として考えていきます。

⑤指導の工夫　共有化

これらの学習内容を意識しながら子どもたちの動きを見ると、子どもたちへの声のかけ方や1回1回のゲームが終わった後の振り返りの時間の問いかけ方が変わってきます。

例えば、おに遊び中、

（方向転換や緩急を見つけたら）うまい走り方してるね！
（フェイントをしてるのを見つけたら）すごいことしたね！上手！
（空いている空間を探して動いていたら）よく見てるね！賢い！
振り返りの時間に
逃げ切れた人は、どうして逃げ切れたのかな？
上手に逃げている人がいるよね。何か特別なことをやってる？
ものすごい速いというわけではないのに生き残っている子がいるね。どうしてかな？

といった問いかけです。

子どもたちは、これまでの経験から上手に動けている子も多いので、価値づけて共有化してあげることが大切です。

⑥個別の配慮

おに遊びで、まず個別に配慮をしなければならない子は、勝敗にこだわりすぎてしまう子です。または、ルールを守れなかったり自分の都合でルールを変えよう（解釈しよう）としてしまったりする子です。これらの行動は、おに遊びに夢中になる中でしてしまう行動なので、本人が意識できるように、その都度声をかけてあげる必要があります。

ただ、興奮した状態で声をかけられても、自分が正しいことを主張するかもしれません。そこで、ゲームを始める前に予想されるトラブルを予言しておきます。

ルールやマナーに関わる個別の配慮は、おに遊びに限らず、さまざまな運動の中で継続的に

いつもおにごっこをすると『タッチしたよ』『されてないよ』とか『線から出たよ』『出てないよ』でけんかになることがあるよ。そうなったらどうしようか？
追いかけていると、つい思い切りタッチして押し過ぎちゃって転ばせてしまうこともあるね。優しくタッチするように気をつけられるかな？
逃げてるときに突然『１人狙いはなしなんだよ』とか『バリアしたからタッチされてない』みたいに、ないルールを言いだす子が出ることがあるけど、みんなは大丈夫かな？

行い、長い目で見ていく必要があります。

おに遊びを行う中では、技能に関わるつまずきによっていつもおになってしまって楽しめない子もいます。

次のような個別の配慮が考えられます。

「〇〇ちゃんルール」

「〇〇ちゃんが一度おにになったらもうタッチできない」「〇〇ちゃんを追いかけるときは早歩き」「〇〇ちゃんだけバリアを張れる」といったルールです。

「先生は安全地帯」

先生と手をつないだときはタッチすることができないというルールです。その子がおにになったら他の子を捕まえることができなくなるようなときに、教師のほうでバランスを考えながら手をつないで守ってあげることができます。

ただし、これらの個別の配慮による特別ルールを使うときは、クラス全体の合意を得る必要があります。クラス全員が楽しく活動するために、子どもたちが「〇〇ちゃんならそのルールでもいいよ」と思えるような子への配慮となります。

⑦個に特化した指導

体育の授業時間内でルールやマナーに関する態度が大きく変容するのかと言えば、そんなに急激に変わることはないと思います。

勝敗にこだわってしまう子は、これまでの生活経験の中で「勝ち負け」の経験が少ないことも要因の1つと考えることができます。体育の授業だけでなく、すべての教科・領域、日常生活の中で勝ち負けのあるゲームを小刻みに行い、勝敗を受け入れることを潤沢に経験させます。

また、おに遊びの経験が少なく、上手におに遊びの走り方ができないような子には、休み時間などで個別に遊んであげて経験値を増やしてあげます。

例えば、教師とその子と2人だけでおに遊びをします。1対1で追いかけたり追いかけられたりすることで、追いかけ方や逃げ方を学んでいきます。複数の中では周りを見る余裕がなくても1人であればしっかりと見て学ぶことができます。

⑧授業の実際「子とりおに」

子とりおに

5～8人程度の小グループをつくります。

1列になり、前の人の肩に両手を置きます。

先頭の子は列から離れ、列のほうに向いて「おに」になります。

教師の合図でおには、列の1番後ろの子をタッチしにいきます。同時に、列の先頭の子は両腕を広げて、おにが後ろのほうに行けないように邪魔をして守ります。列の子は、肩から手を離しません。30秒程度したら教師が合図をしますが、それまでに1番後ろの子にタッチできたおには、勝ちとなります。

続けて、おに役だった子は列の1番後ろにつながります。手を広げて守っていた子がおにになります。

全員がおにの役を経験したら終了です。

「子とりおに」は、列になっていなければならないので、動きの制限も大きくルールやマナーに関するトラブルが比較的起きにくい条件になっています。

列になっている子が途中で前の子の肩から手を離してしまうということは予想できますが、手を離したらおにの勝ちということにしておけば問題ありません。

また、後ろの子をタッチしようとする動きは、急激な方向転換や緩急をつけた走り方が発生しやすい構造となっています。同時に、周りの子に合わせて動くことや相手と反対の方向へ動くことを相手とのかけひきの中で繰り返します。

教師は、子どもの動きを見て声をかけることで価値付けてあげます。

おにのときにタッチできた子に「どうしてタッチできたと思うか?」「どうやって目の前で邪魔している子よりも後ろへ行こうとしたのか?」を問うことで、学習内容を明確に共有化していくことができます。

残念ながらタッチすることのできなかった子でも、同じことを意識しているいないに関わらず動いている子もいるので、そういった子も価値付けてあげます。

2 中学年の授業実践例

器械運動　鉄棒運動「後方ひざかけ回転」の授業

①中学年の鉄棒運動における「子どものつまずき」

鉄棒運動は、子どもの技能差が著しいことが多い運動です。苦手な子は、前回り下りすらおぼつかなく、休み時間に鉄棒で遊ぶことはまずありません。鉄棒そのものが冷たくて堅く、落ちたりすることもあることから、痛くて怖いイメージがあります。

また、後方ひざかけ回転という技については、下図のようなつまずきが考えられます。

②つまずきの階層の確認

鉄棒への痛い・怖いイメージは〈参加〉階層のつまずきです。

・回転軸の固定ができていない

・下肢の勢いが後方へ行っていない

他にも

・上体で後方への勢いがつけられない
・鉄棒に上がりきれない

○は、授業前に考えておく視点 ◇は、授業内で教師が行うこと　太字はこの授業で詳述する項目

活用	焦点化	多感覚化	共有化	個別の配慮
習得・理解	○スモールステップ （系統性） ○モジュール化 ○共通課題の設定 ○学習内容の焦点化 ◇問い返す ○学習内容を誇張する教材化	○口伴奏 ○運動感覚習得の教具・場 ○変化のある繰り返し ◇運動の視覚化 ○ポイントやコツの言語化 ◇広げる	○共通言語の活用 ◇発問する ◇助言する ・教師 ・子ども ○児童間補助 ○共通言語化 ◇強化する ・全体 ・グループ	◇教師補助 ○教具・場の工夫 ◇動きの言い直し ○ICT 機器の活用
参加	○学習環境の構造化　時間（マネジメント）、並び方、固定小集団、ルール、指示、教具、場、視覚的配慮 ○肯定的な雰囲気づくり　リズム太鼓（音楽）、リーダーの活用・協力、励まし・承認の声かけ ○基礎感覚づくり（そろえる）　各領域の基礎感覚			

図　体育授業ＵＤ化モデル（2019年Ver.）

どの運動でも同じですが、痛い・怖いというイメージはそれだけで運動に参加することに対するハードルとなります。痛みを和らげる教具を使ったり、怖くても安心して取り組めるように場を工夫したりすることを考えます。

また、基礎感覚づくりの運動を意図的・計画的に位置付けておく必要があります。例えば、後方ひざかけ回転の単元を2学期に行う予定にするのであれば、1学期のうちに基本的な基礎感覚づくりの運動を潤沢に経験させておきます。

技を習得するにあたってのつまずきは〈習得・理解〉階層のつまずきで技をスモールステップ（P81参照）で習得できるようにしたり、動機付けを高めたり基礎感覚が体に染みこんだりするようにモジュール（P83参照）で授業を考えたりします。

③指導の工夫　学習環境の構造化

鉄棒の痛みを和らげるには、鉄棒補助具を使います。できれば、中に芯があって回転しやすいものを選びます。

落下の心配などで怖い場合、下にマットを敷くと安心して活動できます。多くの学校で鉄棒は運動場にあります。古くなったマットやウレタン素材のものを授業のときだけ鉄棒の下に敷けるように準備できるのが理想的です。

④指導の工夫　基礎感覚づくり

鉄棒運動では「振動・回転感覚」「逆さ感覚」「腕支持感覚」「体幹や四肢の締め感覚」が主に養っておきたい基礎感覚となります。

これらの基礎感覚を「前回り下り」や「だんごむし（腕曲げ持久懸垂）」などによって養うことを意図します。これらの運動をリレー形式や制限時間形式（一定時間で何回できるか）といった形でゲーム化し、楽しみながらたくさん経験させます。

だんごむし

前回り下り

⑤指導の工夫　焦点化

「後方ひざかけ回転」のスモールステップは、次の通りです。

ステップ1

ひざの裏で鉄棒にぶら下がった姿勢で振動し、友だちの補助で鉄棒の上に上がる。

ステップ2

地面に片足で立ってひざをかけ、少しジャンプしてから一気に後ろに回り、友だちの補助で鉄棒の上に上がる。

ステップ3

1人で上がることに挑戦する。

ステップ1

ステップ2

ステップ4
鉄棒の上に片足をかけて座り、もう一方の脚の振動で勢いをつけ、一気に後ろに回って鉄棒の上に上がる。

ステップ5
連続回転に挑戦する。

ステップ6
鉄棒にかけるひざを反対にして挑戦する。

ステップ7
両足をかけて挑戦する。

ステップ7

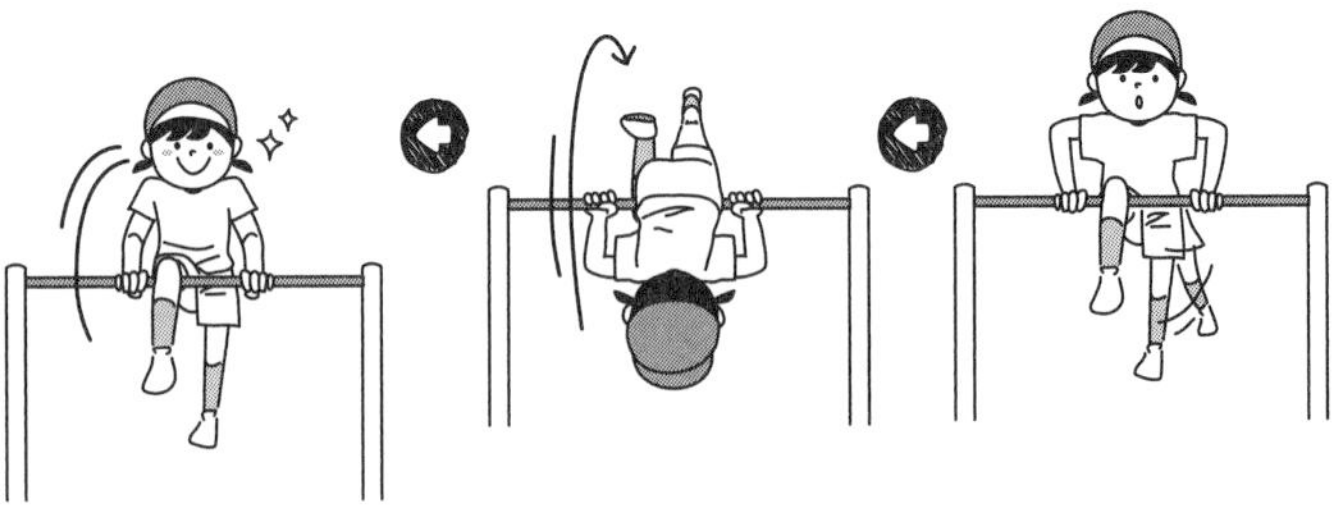
ステップ4

器械運動領域は、子どもの技能差や基礎感覚の差が大きいことが多いため、授業をモジュール化して考えていきます。

授業をモジュール化することのメリットは次の通りです。

・15〜20分を単位として2〜3回の授業を1単位時間としてカウントすることで、その単元に取り組む期間が長くなり、子どもたちに基礎感覚や技能が体に染み込む期間が保証でき、クラス全員の学習成果が上がる。
・授業での取り組み時間が短いので、学習内容や教材を焦点化せざるをえない。
・授業で扱う期間が長くなるので、子どもも教師もその運動を深く追求することができる。
・授業での取り組み時間が短い分、子どもたちに「もう少しやりたい」という欲求が生じやすい。
・1回の授業で2つの異なる領域の運動に取り組むため、どちらかが苦手な運動であっても頑張ることができる。

スモールステップとモジュール化で学習内容を焦点化した授業を展開することで、すべての子どもが成果を実感できる体育授業となります。

⑥指導の工夫　共有化

子どもたち同士で補助をし合えるように、そのやり方を共有化します。子どもたちが補助をし合うことで、全員が回転して鉄棒の上まで戻る成功体験を保証できます。

やり方は、下のイラストの通りです。

最初は、両側から2人の補助で行い、慣れてきたら1人の補助で行います。

鉄棒のあたりまで持ち上げたら、背中や肘を曲げて胸にももをくっつけるように声をかけると1人で回れるようになる可能性が高まります。

最初から1人で回ろうとすると、勢いをつければつけるほど失敗したときにひざの裏が痛くなるので、補助をつけて上に上げてあまり痛い思いをさせないようにします。

子どもたち同士の補助

上まで持ち上げる

後ろに回転して下りてきたところで肩を持って持ち上げる

鉄棒の下から腕を伸ばして待ち構える

⑦個別の配慮

鉄棒運動が苦手な子は、痛い・怖いイメージで取り組もうとしません。加えて、後方ひざかけ回転は思い切り回ろうと後ろに倒れ込んだ後、鉄棒の上に上がれずに戻ってしまうとひざの裏が痛くなります。勢いをつければつけるほど痛くなってしまうため、ますますやりたくなくなります。

そのような子には、個別の配慮として教師が補助をします。痛くないようにスムーズに鉄棒の上に上げてあげます。痛くない・落ちないといった安全・安心な気持ちにさせます。

教師補助でスムーズにできたら、子どもの補助で行うというスモールステップを踏みます。子どもの補助も、2人での補助、1人での補助というステップを踏みます。

教師が鉄棒の下から腕を伸ばして構える

⑧個に特化した指導

鉄棒運動領域で授業外で個に特化した指導を行いたいのは、鉄棒の上に乗って腕で自分を支える「ツバメ姿勢」ができなかったり「前回り下り」を怖がってしまってできないような子です。

こういった子は、逆さ感覚や回転感覚、腕支持感覚などが養われていません。あるいは、もっと小さい頃に鉄棒から落ちた経験のある子です。休み時間に教師が横についてあげ、安心した状況で経験させてあげます。

ツバメ姿勢ができない子には、低い鉄棒で最初から肘をピンと張った状態で鉄棒に乗らせます。曲げたところから支えられなくても、最初から肘を伸ばした姿勢であれば支えられることがあります。

それでも曲げてしまう場合は、肘を軽く触って押さえてあげて、曲げないように意識させます。子どもが頑張っている間は、ずっと励まし続けてあげます。

「前回り下り」を怖がってできない子にも、教師が補助をしてあげます。

肘をピンと張った状態で
鉄棒を乗せる

子どもが怖がるのは、頭が鉄棒よりも下がるかどうかのあたりです。そこで怖くなってしまってパニックになると、体が反ってしまい鉄棒から落ちてしまいます。

教師は、安心して鉄棒より下に頭が下げられるように立った側と反対の肩を持つように構えます。（下のイラスト参照）

腕に子どもの胸を乗せて体重を預かり、少しずつ下ろしていきます。このとき、逆さ姿勢になったときに手が肩から外れて落としてしまわないように肩の骨にしっかりと指をひっかけます。

反対の手は、背中を触っておきます。反り返って跳ねてしまったときに支えられるように構えるのです。胸と背中をはさむことで安心感を与えます。

頭を下げることができて下りるときに、支えている手を背中から腰に移し、腰を持ってゆっくりと下ろしてあげます。

前回り下りの教師補助

⑨授業の実際「後方ひざかけ回転」

子どもたちは、鉄棒に向いて4列横隊で座ります。鉄棒1基につき1～2班が同時に使います。

最初に準備運動として前回り下りを1人10回行い、元の場所に戻ります。

前時までのポイントを確認します。

「鉄棒の上まで上がれるようになるためには、どんなことに気をつけたらいいのでしたか？」

子どもたちに発表してもらい、確認します。

そこを意識しながら1人2～3回ずつ取り組みます。頃合いを見て、再び集めます。

「まだできていない子は、どこまで回れて、どこで戻ってしまっているのかな？」

子どもたちが、まだできていない子の動きについて考えるように発問をします。

子どもたちに意見を発表してもらい、出てきたポイントを意識しながら再び取り組みます。

後方ひざかけ回転のポイントは、下図のことが考えられます。


これらのポイントは、子どもたちが課題として気づいた順番に焦点化して意識させていきます。複数のポイントが出されたときは、どれが1番大事だと思うかを聞いて、その時間はそのポイントを共有化して意識させます。

このような試行錯誤を繰り返していくことが、子どもたちの学びとなります。

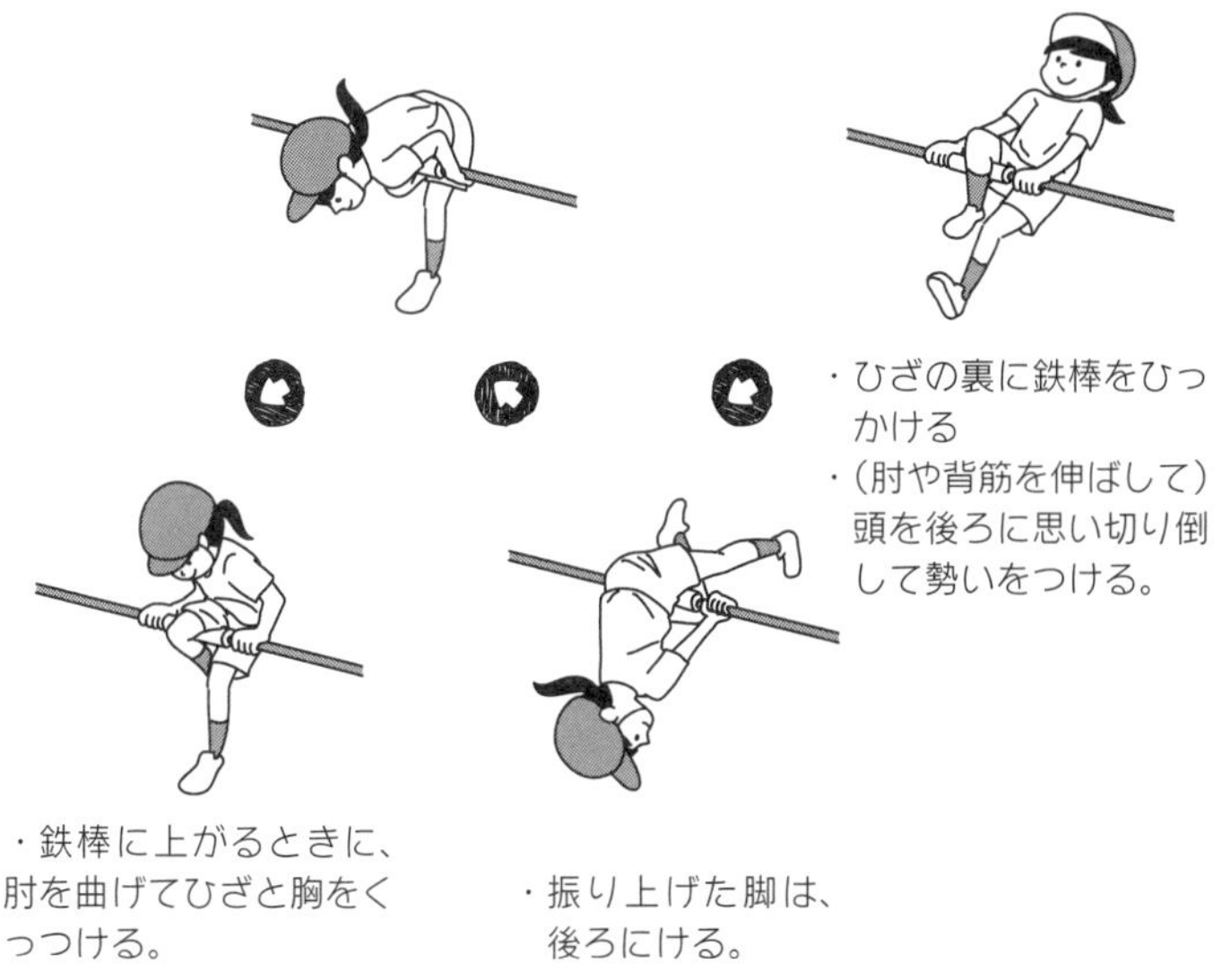

・ひざの裏に鉄棒をひっかける
・（肘や背筋を伸ばして）頭を後ろに思い切り倒して勢いをつける。
・振り上げた脚は、後ろにける。
・鉄棒に上がるときに、肘を曲げてひざと胸をくっつける。

器械運動　跳び箱運動「開脚跳び」の授業

①中学年の跳び箱運動における「子どものつまずき」

開脚跳びにおけるつまずきは、跳び箱の奥に手を着けないということが典型的です。これは、体を前方に投げ出す感覚が身についていなかったり、腕支持感覚や重心移動の感覚が養われていないことによる不安から跳び箱の奥に手を着くことができなかったりといった原因が考えられます。

開脚跳びに限らず、跳び箱運動は基礎感覚を総合的に応用することができないと、子どもはつまずきます。

跳び箱運動には、台上前転やはね跳びといった回転系、開脚跳びや抱え込み跳びといった切り返し系の技があります。それぞれの技で必要な基礎感覚はさまざまです。**腕支持感覚、回転感覚、重心移動感覚、投げ出し感覚など、さまざまな基礎感覚を総合的に応用してできるようになるのが跳び箱運動です。**

②つまずきの階層の確認

基礎感覚づくりの運動を大切にするという意味では、〈参加〉階層のつまずきとなります。

○は、授業前に考えておく視点 ◇は、授業内で教師が行うこと 太字はこの授業で詳述する項目

活用	焦点化	多感覚化	共有化	個別の配慮
習得・理解	**○スモールステップ（系統性）** ○モジュール化 ○共通課題の設定 ○学習内容の焦点化 ◇問い返す ○学習内容を誇張する教材化	○口伴奏 ○運動感覚習得の教具・場 ○変化のある繰り返し ◇運動の視覚化 **○ポイントやコツの言語化** ◇広げる	○共通言語の活用 ◇発問する ◇助言する ・教師 ・子ども ○児童間補助 ○共通言語化 ◇強化する ・全体 ・グループ	**◇教師補助** **○教具・場の工夫** ◇動きの言い直し ○ICT 機器の活用
参加	○学習環境の構造化　時間（マネジメント）、並び方、固定小集団、ルール、指示、教具、場、視覚的配慮 ○肯定的な雰囲気づくり リズム太鼓（音楽）、リーダーの活用・協力、励まし・承認の声かけ **○基礎感覚づくり（そろえる）各領域の基礎感覚**			

図　体育授業ＵＤ化モデル（2019年Ver.）

跳び箱運動の場合は、基礎感覚を総合的に応用することによって運動の一連の流れができるようになります。ポイントを押さえた動きをする必要があり、ポイントを理解して意識しながら動く学びとなります。また、なんとなくできているという子にも何がポイントなのかを理解する学びとなります。つまり、基礎感覚だけでなく、それを応用させる〈習得・理解〉階層のつまずきと考えます。

跳び箱運動の場合、技ができるようになるためには、基礎感覚だけでなく技として習得するための手立てが必要になります。

③指導の工夫　基礎感覚づくり

跳び箱運動に限らず器械運動領域の授業では、特に基礎感覚づくりが重要です。（詳細は、P135参照）跳び箱運動の基礎感覚づくりとして、折り返しの運動における動物歩き（P48参照）が効果的です。

④指導の工夫（焦点化）

子どもたちが大きくつまずいてしまわないように、系統を考慮したスモールステップを考えておきます。開脚跳びのスモールステップは、次の通りです。

ステップ1
馬跳び30秒を行う
ステップ2
馬跳びマット跳びこしを行う
ステップ3
2人馬跳びを行う
ステップ4
開脚跳びを行う

馬跳び30秒

馬跳びマット跳びこし

２人馬跳び

⑤指導の工夫　多感覚化

馬跳びから開脚跳びまでのスモールステップを大枠で示しましたが、動き自体はどの運動もとても似た動きとなります。このような似た運動のことを「類似の運動（運動アナロゴン）」といいます。

類似の運動をたくさん経験させるように授業を考えるのは「変化のある繰り返し」という視点です。

開脚跳びは、「変化のある繰り返し」によって授業の中で類似の運動をたくさん経験させておくと、実際に跳び箱を跳ぶときには、ほとんどの子ができるようになります。子どもにとっては初めて跳び箱を跳ぶときであっても、できるような気がして跳べるのです。もちろん、子どもによって個人差があり、すぐに跳べてしまう子と少し試行錯誤が必要な子がいます。

そこは、学びの視点として「ポイントやコツの言語化」をしながら授業を進めていくことでより深い学びとなっていきます。子どもたちは、口伴奏でリズムをつかんだり、視覚的に全体の動きのイメージをつかんだりします。子どもたちがポイントやコツを見いだし試行錯誤しながら全員ができるようになっていく可能性が高い授業となります。

⑥個別の配慮

「スモールステップ」を意識しながら「変化のある繰り返し」や「ポイントやコツの言語化」という視点で授業づくりを考えていく中で、個別の配慮が必要な子には「教師補助」や「教具・場の工夫」をします。

「教師補助」は、跳び箱の横に立ち、踏み切りと同時に肩を支えながらももの裏をタイミングよく押してあげます。何度か補助をしている中で少しずつ力を抜いていくことで、1人でできるようにしていきます。

踏み切りと同時に肩を支えながら
ももの裏をタイミングよく押してあげる

「教具・場の工夫」は、例えば次のような工夫が考えられます。

・**跳び箱の上からの開脚跳び下り**

跳び箱の上でしゃがみ立ちをして、奥に手を着いてから脚を開いて下ります。

慣れてきたらウサギ跳びの要領で跳んでから手を着いて下りることに挑戦します。

・**段差をつけての開脚跳び下り**

２つの段差のある跳び箱を並べ、低いほうでしゃがみ立ちをして、奥に手を着いてから下ります。

慣れてきたらウサギ跳びの要領で少し跳んでから手を着いて下りることに挑戦します。

跳び箱を２つ並べ
低いほうから手をついて
開脚跳び下り

跳び箱の上から開脚跳び下り

⑦個に特化した指導

授業外で個に特化した指導が必要な子には、さりげなく開脚跳びにつながる動きをさせるのが理想的です。

日常の中で子どもが座っているときにイスから手を着いて下りるように声をかけます。座っているものがイスでなくても構いません。舞台の縁に座っているときに「脚の間に手を着いてから下りられるかな？」といった感じです。

子どもの意欲が高ければ、跳び箱の上に座らせて手を着いてできるだけ遠くに下りるように挑戦させるのも効果的です。

イスに座っているときに
脚の間に手をつく

手で支持して
イスから下りる

舞台の縁から手で
支持して下りる

跳び箱の上から
なるべく遠くへ下りる

手前の子がしゃがんでいる２人馬

２人馬

⑧授業の実際「開脚跳び」

６人程度の小グループでマットを１枚準備し、２人馬のやり方を自信のある子の見本を見せながら説明します。
「２人で馬をつくります。向きを交互にして、できるだけ背中を寄せます。跳ぶ子は１～２歩で踏み切りましょう。怖くて跳べない子は、手前の馬の子に低くなってもらうようにお願いします。グループの子が全員跳んだら先生に報告します」

グループごとに取り組ませ、１巡したところで再び集合させます。
「まだ跳べなくて困っている子がいるね。どうしてうまくいかないのかな？」

このように問いかけ、ポイントを焦点化します。ポイントは、次の通りです。

・奥の馬の子に手をつく
・踏切を強くする

最後に跳び箱に挑戦

２人馬と跳び箱の大きさを比べる

２人馬での補助

　ポイントを意識させながら再び取り組みます。多くの子の場合、マット跳びこしを経験しているのでそれほど苦労せずに跳べます。それでも困っている子には、個別の配慮で教師が補助します。すべての子が跳べたら、クラスで1番小さな子がつくる2人馬と跳び箱を並べて比べます。

「みんながつくる2人馬は、跳び箱と比べてどうかな？」

実際に比べてみると、奥行きは同じくらいで高さは5～6段程度になります。

「2人馬が跳べた子は、このくらいの高さは跳べるということだよね」

　視覚的に理解させることで自信をつけさせて、実際に跳び箱を跳ぶことにつなげます。

　変化のある繰り返しでさまざまな馬跳びを経験してきた子どもたちは、1～2回程度実際に跳び箱を使って授業を行えば跳べるようになります。

3 高学年の授業実践例

体つくり運動　長なわ「ダブルダッチ」の授業

①高学年の体つくり運動　長なわ跳びにおける「子どものつまずき」

高学年に限りませんが、長なわ跳びの授業を行うと、回っているなわに入ることができないというつまずきのある子が何人かいます。

あるいは、一応入ることはできますが、他の子と同じリズム（連続）で入ることができない子もいます。自分の順番が回ってきてから入る準備をして、毎回自分のリズムで入るという子です。

また、自信のない子ほど、萎縮してしまい跳べなくなってしまいます。萎縮して高く跳べない（跳ばない）姿を見て、同じグループの子が強い言い方で非難するような言葉をかけてしまうことがあります。すると、余計に萎縮してしまうという悪循環が起きます。

○は、授業前に考えておく視点 ◇は、授業内で教師が行うこと　太字はこの授業で詳述する項目

活用	焦点化	多感覚化	共有化	個別の配慮
習得・理解	○スモールステップ（系統性） ○モジュール化 ○共通課題の設定 ○学習内容の焦点化 ◇問い返す ○学習内容を誇張する教材化	○**口伴奏** ○運動感覚習得の教具・場 ○変化のある繰り返し ◇運動の視覚化 ○ポイントやコツの言語化 ◇広げる	○共通言語の活用 ◇発問する ◇助言する ・教師 ・子ども ○児童間補助 ○共通言語化 ◇強化する ・全体 ・グループ	◇**教師補助** ○教具・場の工夫 ◇動きの言い直し ○ICT 機器の活用
参加	○学習環境の構造化　時間（マネジメント）、並び方、固定小集団、ルール、指示、教具、場、視覚的配慮 ○肯定的な雰囲気づくり リズム太鼓（音楽）、リーダーの活用・協力、励まし・承認の声かけ ○基礎感覚づくり（そろえる）各領域の基礎感覚			

図　体育授業ＵＤ化モデル（2019年Ver.）

②つまずきの階層の確認

長なわ跳びは、回している子と跳ぶ子のリズムが合うかどうかが中に入れるかの鍵です。相手の動きを感じて、合わせて動こうとするのです。

また、入れない子に対して、どのように声をかけていいのかわからず一生懸命なあまり強い言い方で非難してしまう子もいます。跳ぶためのタイミングやポイントがわからず、そういった言葉しか出てこないのです。どのように声をかけたらいいのかを明確にする必要があります。

このような回っているなわに入れなかったり、上手に声をかけることができなかったりするつまずきは、〈習得・理解〉階層のつまずきと考えます。ポイントを意識することと、相手と合わせることができる手立てが必要になります。

③指導の工夫　多感覚化

長なわ跳びの授業で効果的な指導の工夫は「口伴奏」です。子どもたちと一緒にどのタイミングで入ると跳ぶことができるのかを明確化（「ポイントやコツの言語化」）して、そのタイミングをそのまま口伴奏にします。最初から長なわ2本を使った「ダブルダッチ」のタイミングだと難しいので、長なわ1本での「8の字跳び」から始めて、入るタイミングをつかませます。

8の字跳びの口伴奏は、例えば「入って〜ジャンプ！入って〜ジャンプ！」です。なわを回す早さも口伴奏でゆっくりにします。反対回しにした「8の字むかえ跳び」を同じように跳ぶことができれば、ダブルダッチは跳べます。

ダブルダッチの口伴奏は、「入って〜ジャンプ！入

って～ジャンプ！」までは同じですが、入った後は「ジャンプ！ジャンプ！ジャンプ！」と連続で跳ぶことになります。

口伴奏は、入ろうとする子に同じグループの子がタイミングを教えてあげることができるというメリットがあります。しかし、それだけではありません。まだ入れていない子が、他のまだ入れていない子に教えるために口伴奏をすることで、自分自身もそのタイミングをつかむことができるようになるのです。長なわの動きとまわりの子の口伴奏に合わせることでタイミングがわかっていない子も感覚的に理解できるのです。

また、口伴奏をすることで、「早く入って！」などの強い口調はなくなり、跳べていない子が萎縮せずに挑戦することができます。

入って～ジャンプ！入って～
ジャンプ！ジャンプ！ジャンプ！

④個別の配慮

グループで口伴奏をしていても入れないという子の多くは、自分で口伴奏をしていない子です。

友だちの口伴奏を聞いて動こうとしますが、自分で言っていないために少し遅れてしまいます。

そこで、なわに入らずに教師が一緒に口伴奏をしながらタイミングを補助してあげます。

「入って〜」のところで動き出しを促すように優しく背中を押してあげます。

「ジャンプ！」のところで一緒に跳びます。

慣れてきたら、同じグループの優しい子に任せていきます。その代わり教師は、なわを回します。可能な限りゆっくりと大きくなわを回します。一度でも入って跳ぶことができたら、自信となってどんどんできるようになります。

優しく背中を押して
動き出しを促す

ジャンプのタイミングで
一緒に跳ぶ

⑤個に特化した指導

回っているなわのリズムに合わせて跳べない子は、入るタイミングが合っていても跳ぶことはできません。なわのリズムで跳べるようにする必要があります。

実は、長なわ跳びのリズムは、短なわ跳びのリズムと同じです。

8の字跳びは、短なわ跳びの一回旋二跳躍（トントン跳び）と同じリズムです。

ダブルダッチは、短なわ跳びの一回旋一跳躍（普通の前跳び）と同じリズムです。

短なわ跳びの普通の前回し跳びができる子は、ダブルダッチを跳ぶ動きは身についていると考えます。休み時間を利用して、短なわ跳びで2つの跳び方を練習します。

一回旋二跳躍（トントン跳び）

一回旋一跳躍（普通の前跳び）

⑥授業の実際「ダブルダッチ」

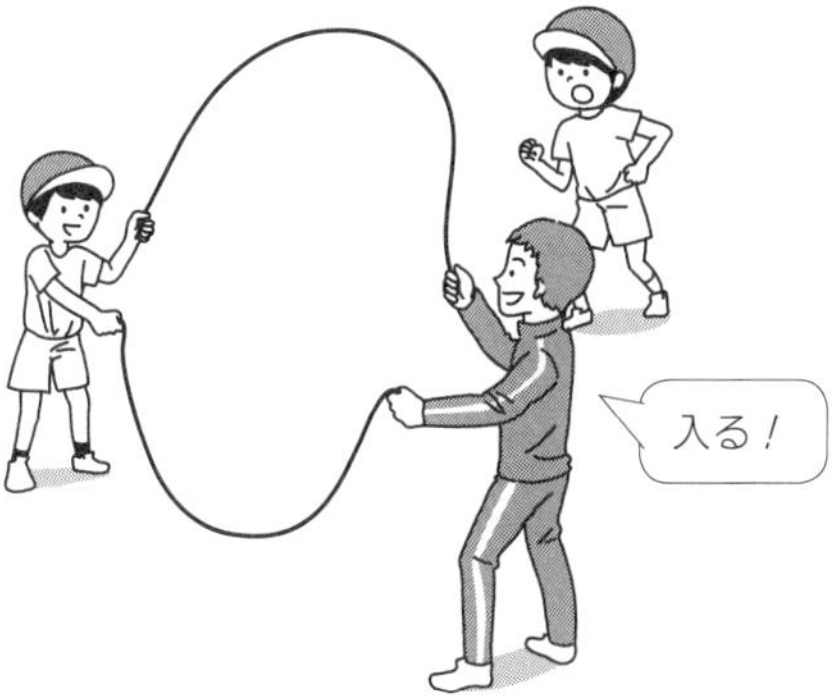

「入るタイミングをみんなで考えます。先生がゆっくり回すので、自分がここで入ると思うところで『入る！』と言ってみましょう。」

できる限りゆっくり回しながら子どもたちの声を聞いてまとめます。多くの子がよいタイミングで声を出せればいいのですが、バラつく場合は選択肢をつくって考えさせます。

「ここで『入る！』っていい言っている子とこっちで『入る！』って言っている子がいるね。どちらでしょうか？」

子どもたちの声を聞きながら選んでもらい、実際に自信のある子に見本として跳んでもらいます。

スムーズに入って跳ぶことができたら、もう一度タイミングを確認して4人程度のグループになわを2本ずつ渡してどんどん取り組ませます。

「入ることができたら、その後は『ジャンプ！ジャンプ！

入って～ジャンプ！
入って～ジャンプ！
入って～ジャンプ！
ジャンプ！ジャンプ！
入って～ジャンプ！
入って～ジャンプ！
入って～ジャンプ！
ジャンプ！ジャンプ！

ジャンプ！』のリズムで飛び続けます。回している子と見ている子は『入って～ジャンプ！入って～ジャンプ！入って～ジャンプ！ジャンプ！ジャンプ！』のリズムで応援してあげましょう。」

入って跳ぶことができたら帽子の色を変えさせます。教師は帽子の色がなかなか変えられないグループに行き、回してあげることでタイミングをつかませます。

全員が入って跳ぶことができたら何回連続で跳ぶことができるかに挑戦させます。

最高記録が出たら黒板に跳んだ子の名前と回数、回した子の名前を書いていきます。それよりもよい記録が出たら追加してどんどん書いていきます。

記録がたくさん更新されると、振り返りのときに、よい記録を出すことができるのは回す子が上手だからということに気づくことができます。

①高学年のボール運動ゴール型における子どものつまずき

ボール運動の場合、ボールそのものを怖がってしまう子がいます。

ボールが早くて手でキャッチすることができません。それで体にぶつかったりすると、材質や空気圧の関係で痛くて怖いのです。

また、ゲーム中に何をしたらいいのかわからない子もいます。

上手な子からボールをパスしてもらったものの、何をしたらいいのかわからず、すぐにその子に返してしまったり、とりあえず近くにいる仲間に慌ててパスをしてしまいます。慌てているので、相手にボールを捕られてしまうことも多く、自信を

ボールが怖くて
手で防いでしまう

ボールをすぐに
返してしまう

なくしてしまいがちです。逆に、ボールを少し持っていると仲間から「パスを出して！」とかパスを失敗すると「何やってるんだ！」と強い口調で責められたりしてしまいます。

ボールを持たなければ責められることはないので、ボールが近くに転がってきても拾おうとせずに逃げたり、ボールの近くには寄らないようにコートの隅に居続けたりします。コートに立っているだけだと「動けよ！」と強い口調で責められてしまうこともあり、ボールの動きに合わせて付かず離れずの距離でコートを行ったり来たりしています。

ボールに触っても触らなくても責められてしまうので、ボール運動は好きになれません。

チームで作戦を立てて、動き方や役割を確認しながらボール運動の学習を進めることもあります。

ところが、チームで話し合った作戦が、「頑張る」や「声を出す」といった気持ちを盛り上げるだけのことがあります。

また、「○くんから◇さんにパスして、それから☆さんが走っていってボールをもらってシュートね」というように、動きが相手を想定しておらず、決まりすぎてしまって実際とはかけ離れていることもあります。

さらに、先生や友だちから教えてもらった作戦や動き方が難しくてよくわからなかったりすることがあります。

このような状況だとゲーム中に何をしたらよいのかわからず、楽しくありません。

○くんから
◇さんにパスして、
それから…
次は勝つぞ！
?
スペースを
見つけよう！
そこに走る！
声だしていこうね

○は、授業前に考えておく視点 ◇は、授業内で教師が行うこと　太字はこの授業で詳述する項目

活用	焦点化	多感覚化	共有化	個別の配慮
習得・理解	○スモールステップ（系統性） ○モジュール化 ○共通課題の設定 **○学習内容の焦点化** **◇問い返す** **○学習内容を誇張する教材化**	○口伴奏 ○運動感覚習得の教具・場 ○変化のある繰り返し ◇運動の視覚化 ○ポイントやコツの言語化 ◇広げる	**○共通言語の活用** ◇発問する ◇助言する ・教師 ・子ども ○児童間補助 ○共通言語化 ◇強化する ・全体 ・グループ	**◇教師補助** ○教具・場の工夫 ◇動きの言い直し ○ICT 機器の活用
参加	○学習環境の構造化　時間（マネジメント）、並び方、固定小集団、ルール、指示、教具、場、視覚的配慮 ○肯定的な雰囲気づくり リズム太鼓（音楽）、リーダーの活用・協力、励まし・承認の声かけ ○基礎感覚づくり（そろえる）各領域の基礎感覚			

図　体育授業ＵＤ化モデル（2019年Ver.）

②つまずきの階層の確認

ボールへの恐怖心や仲間から強い口調で責められることへの萎縮によるつまずきは、〈参加〉階層のつまずきです。学習環境を構造化したり、肯定的な雰囲気づくりをしたりしてその不安をできる限り取り除きます。また、作戦を具体的に考えられなかったり、しっかり考えるものの現実的ではない作戦を考えてしまったりするつまずきは、〈習得・理解〉階層のつまずきになります。

さらに、教師が授業を考えるとき、教材研究をすればするほどついつい難しい内容を教えようとしてしまいがちです。子どもの実態と合わない内容は〈習得・理解〉レベルのつまずきを生みます。学習内容を焦点化したり学習内容を誇張した教材によって授業づくりを行う必要があります。

③指導の工夫　学習環境の構造化

若い頃にボール運動に慣れ親しんだ教師ほど、スポーツ種目の正式ルールに固執してしまう傾向にあります。例えば、サッカーをやるときはサッカーボールを使わなくてはいけないし、バスケットをやるときはバスケットボールを使わないといけないと考えます。

体育授業では「脱・種目主義」という名の下に、スポーツ種目にこだわらない授業がめざされてきました。学習指導要領の内容が、かつてはサッカーやバスケットボールといった種目名で示されていたのですが、現在は「ゴール型」といった「〇〇型」をベースにして示されています。

一般的な学校は、体育授業に使うことができる予算も少なく、種目ごとにボールを揃えるということは現実的ではありません。できるだけ子どもに優しく汎用性のあるボールを準備しておくようにします。

例えば、写真のような小学校の授業用に開発されたボールです。柔らかい発泡素材で作られていて、ドッジボールくらいの大きさですが、これ1つで手で扱う教材も足で扱う教材もできます。

ミカサのスマイルボール

④指導の工夫　肯定的な雰囲気づくり

ボール運動の授業で技能水準が上位にある子が下位にある子に強い口調で叱責してしまうという場面は、頻繁に見られます。

「何やってんだ！」や「まじめにやれよ！」といった声や「何でボールを追いかけないんだ！走れ！」といった声などは、最高潮にイライラしている証拠です。

そういった上位の子のボルテージが上がれば上がるほど、下位の子は萎縮してしまってますますミスをしたり動けなくなってしまいます。

仲間への声のかけ方については、当然、教師から指導をするべきことです。仲間へのアドバイスや応援と叱責は違うということを教えなくてはな

りません。

ただし、強い口調で叱責してしまう子は、運動に夢中になって真剣に取り組んでいる証拠であると考えることもできます。

指導をするときは、お互いの気持ちを認め合うように指導します。


例えば、強く言ってしまう子の気持ちとしては、

「ボールを追いかけないいし、立ったまま動かない。パスしてもボールをちゃんと捕らないから、まじめにやっていない」

といった感じです。

それに対して、技能水準下位の子は、

「まじめにやってるし、動けって言われてもどう動いていいのかわからない。下手に動くとまた言われるし、強く言われて怖い」

というところが本音かと思います。

冷静になってお互いの気持ちを言葉で伝え合わないとチームの仲間は上手にならないことを理解させる必要があります。

強い口調によって仲間が萎縮するのは、チームにとってマイナスでしかないことに気づかせます。技能水準上位の子には、強く言わないように気をつけながら、気持ちを切り替えさせる言葉がけを行うように指導します。具体的には、

「気にしなくていいよ！次、頑張ろう！」

といったような言葉です。

「ドンマイ！」

の一言でもいいでしょう。学習内容の理解が進めば、どのように動けばいいのか（P117参照）を具体的に教えてあげるように指導します。

逆に、技能水準下位の子には、失敗してもいいから一生懸命に走ったりボールを追いかけたりするように指導します。そして、少しでもできたら大きな声で

「そうだよ！それでいい！」「頑張ってる！」

と褒めて、チームの仲間からも同じような声をかけさせます。

子どもたち同士が応援したり助言したりし合えると肯定的な雰囲気となります。声のかけ方や具体的な動き方を学習内容として位置づけることによって、チームの仲間として学んでいけるようになります。

⑤指導の工夫　焦点化

ボール運動の主な学習内容は「戦術」であるといわれています。生涯にわたって（ゴール型の）スポーツに親しむ資質・能力の基礎として、すべてのゴール型に共通する戦術的な動きを小学校のうちに学んで身につけておくことが大切です。ボールやコートの大きさ、ボール操作の仕方、ゴールの形、ルールによって同じゴール型といってもボール操作の技能はもちろん、そこで使われる戦術も大きく異なります。そこで、すべてのゴール型に共通する「戦術」的な動きを次のように焦点化しました。

序盤局面
　攻撃権を得て（ボールを持って）から最初の判断をする局面。
　速攻を出すのか、ゆっくり攻めるのかの判断をする。
中盤局面
　相手陣地内のシュートができるところまでボールを運ぶ局面。
終盤局面
　得点をするために、より可能性の高い場所でシュートをするために動く局面さまざまなゴール型のボール運動のスポーツ種目がある中、小学校ではどれにも共通する戦術的な動きを学ばせます。これにより、子どもたちが将来的にどのゴール型のスポーツと出会ってもそれを活用して楽しむことができます。

3つの局面のうち、すべての子どもたちがゴール型のボール運動を楽しむためには、中盤局面の戦術的な動きを学ばせておくことが必要です。中盤局面のボールをシュートができるところまで運ぶことは、すべてのゴール型で必要な動きだからです。

終盤局面は、「より可能性の高い場所」という点でコートの広さやルール、ゴールの形によって戦術が大きく変わってきます。シュートをする場面なので楽しいところではありますが、種目によって戦術が大きく違うため小学校期に学んだとしてもそれを活用することが難しいのです。

序盤局面は、瞬間的に判断する局面ですが、中盤局面を学ぶ中で含めることもできると考えています。

⑥指導の工夫　共有化

学習内容を中盤局面に焦点化したゴール型では、次の共通言語で学ばせます。

> **共通言語**
> **前を見てキープ、右と左とお助けマン**

「前を見てキープ」

ボールを持ったらまず前を見て味方を探す。

味方がいなければ、走り込んでくるのを待つ。**ボールを持って待つことを「キープする」と言います。**

「右と左」

味方がボールを持ったら、その子の斜め前の「右か左」に走り込む。

「お助けマン」

ボールマンが困ったらいつでもボールを受けられるように、横や後ろにいて助けてあげる。

⑦個別の配慮

ゴール型のボール運動がどのようなゲームなのかイメージできない子がいます。

そんな子は、どっちへ走ったりパスしたりしたらいいのかわかっていません。

共通言語で「前に走って！」「右にパスして！」「お助けしてあげて！」などの助言をしてもゲーム中だと興奮して困惑してしまって動けません。

そんな子には、教師がコートの中に入り、その子の後ろについいて、ボールを持ったら「前を見よう。味方が来るまで待つよ」とか「左に味方が誰もいないから走ろう」といった具体的な助言をします。

体を少し引っ張ったり押してあげたりして、動くきっかけをつくってあげると動ける子もいます。

前を見て！味方はいる？
いなかったら来るまで待って！
○○くんがボール持ったよ！
左に味方がいないから左に走れ！

⑧個に特化した指導

ゴール型に限らずボール運動を苦手とする子は、ボールにあまり慣れ親しんでいない子が多いです。

休み時間などでキャッチボールをしてあげるなど、少しでもボールに触れる機会をつくってあげます。

キャッチボールも、転がしたりバウンドさせたりして簡単にします。

何回連続ボールを止められたとかキャッチできたというようにゲーム化して楽しみながら取り組みます。

ボールを止めたりキャッチしたり投げたりといった経験を重ねることで、ボールがどの方向に行くのか、どのように弾むのか、どれくらいの勢いで来るのかといったことを感覚的にわかるようになります。

⑨授業の実際「ディスクゲーム」

「ディスクゲーム」では、ボールではなくフライングディスクを使います。

高学年ともなると、どんなに柔らかくて優しいボールを使っても、痛い・怖いといったここまでのボールの経験をなかなか払拭できません。左の写真のような柔らかいフライングディスクを使うことによって怖さを取り除きます。

フライングディスクは、ボールと比べてかなり緩やかに飛んでいきます。ふわふわと飛ぶので、ボールが苦手な子でもキャッチできそうな気がして、ついつい追いかけるのです。

フライングディスクとボールは投げ方が違いますが、ボールを投げる動作と同じように、重心移動とひねり動作を必要とします。ボール投げの動きを応用して投げることができます。逆に、フライングディスクが投げられるようになることで、ボール投げにも応用することができます。

また、新しい教具を使うことで、大きな技能差が小さい状態から単元を始めることができます。

ミカサのドッチビー

ルール

・4人対4人
・前後半、3分ずつ
・得点ゾーンでフライングディスクを落とさずにキャッチしたら1点
・得点ゾーンでディスクを落としたら相手チームに攻撃権が移る
・ディスクを持ったら走れない。パスで進む
・パスをカットしてよい
・ディスクを持っている子には触れない。ディスクを持ったほうの腕を伸ばしても触れないくらい離れる
・落ちたディスクは、最初に拾った子のものとなる
・得点したらその場にディスクを置く

話し合いの場面

・得点されたら、得点ゾーン内から再スタート
（最初は、じゃんけんで勝ったチームから）

子どもたちがルールを理解してゲームが楽しめるようになってきたら、全体に発問します。

「みんな、ディスクを持ったら最初に何をしたらいいと思う？」

子どもたちから意見をもらいますが、多くは「パスを出す」という意見になります。そこは問い返しをします。

「そうなんだー。持った瞬間にすぐパスを出してるんだね？」

子どもたちは「瞬間」や「すぐに」という言葉に反応して、その前に味方を探していることに気がついていきます。

「味方を探すのは、どっちを見る？前？後ろ？横？」

ここまでくると、最初は「前を見て味方を探す」ということに気がつきます。

これに気がついたら「前にパスを出すこと」を意識しながら再びゲームを行います。

見本ゲームで戦略を考えさせる

次の時間か、そのまた次の時間。

見本ゲームを行い、ディスクを持って前を見たら味方がいないという場面でゲームを止めます。

これを「ゲームフリーズ」と言います。

「みんな、見本の子はしっかり前を見ていたね。でも、パスするまでの間に先生はちょっと困っているように見えたんだけど、何に困っていたと思う?」

子どもから「前を見ても味方がいなくて困っている」ということを引き出します。

「それじゃ、ディスクを持っていない子は何をしたらいい?」

子どもたちは「走る」とか「パスをもらう」とか言います。できるだけ具体的にコートのどこに走る(走ってパスをもらう)のかを考えさせます。

「まとめると、ディスクを持っている人の右か左の斜め前だね」

「前を見て」と「右と左の斜め前に走り込む」ということを共通

理解したら、ゲーム中にゲームに出ていない味方が応援として声をかけてあげるように促します。

「○○くん、前を見て！誰もいないからキープ！」

「◇◇さん、右が空いているから右に走って！」

「◎◎さん、左！左！」

　といったような声がコートの横で立って応援している子どもたちから出るようになれば、その子たちはゴール型の戦術的な動きを理解していると言えます。

　理解できている子は、具体的に声をかけられますが、理解できていない子は、声をかけることはできません。あるいは「頑張れ！」とか「走れ！」といった抽象的な言葉がけしかできません。

　教師は、理解できていない子の隣に行ってゲームを見ながら「右に誰もいないよね」といった解説をしてあげます。

3

体育授業において重要な「基礎感覚づくり」について

体育授業における究極的な目標は、思うように「動ける体」を身につけることです。子どもたちが将来、何か新しい運動・スポーツに出会ったときに「最初は上手にできないかもしれないけど、少し頑張ればできるような気がする」ようになって欲しいのです。新しい運動・スポーツに出会ったときに「これは無理、私にはできない」と思って欲しくないのです。

学習指導要領において、体育科の究極的な目標は「生涯にわたって心身の健康を保持増進し豊かなスポーツライフを実現するための資質・能力を育成することをめざす」としています。「できるような気がする」ことは、スポーツへの参加を促します。基礎感覚を養うことは、スポーツを楽しむための資質・能力を育成することに大きく貢献します。

体育授業のUD化モデルでは、「基礎感覚づくり」は〈参加〉階層の工夫として位置づけています。「基礎感覚」が養われていなければ、授業そのものに参加できない、あるいは、運動や技に取り組むことができない可能性があるからです。

1 全員参加に必要な基礎感覚づくり

例えば、鉄棒の前回り下りができない子がいます。鉄棒の上に腕で支えて乗ること（ツバメ姿勢）ができない子もいます。

低学年だとクラスに数人は必ずいると思います。高学年になってもできない子がクラスに何人かいることもあります。

こうした子どもたちの多くは「怖い」からできないと言います。中には、幼稚園や保育園のころに鉄棒から落ちた経験があって鉄棒に触ることすら嫌がる子もいます。

この**「怖い」と感じる理由としては、体に「基礎感覚」が身についていないことが原因だと考えられます。すべての運動は、動きの基礎となる感覚がなければできるようになりません。**基礎感覚が身についているから、ある運動や技を行おうとするときに「できるような気がする」のです。

この「できるような気がする」ことを運動学の言葉で「キネステーゼ感覚」といいます。これは、体に身についている動きの基礎となる感覚を、新しい動きに変形させることができそうなときに感じることができます。

このような、動きの基礎となる感覚を新しい動きに変形させることを「メタモルフォーゼ」といいます。さまざまな動きの基礎感覚を身につけていると、それらを総合的に変形（メタモルフォーゼ）させることで、新しい運動ができるようになるのです。

体育授業では、基礎感覚をメタモルフォーゼさせることでできるようになる経験を繰り返していくように考えることが大切です。そのためには、メタモルフォーゼできる程度の似たような動きを経験させておく必要があります。そのような習得させたい運動に似ている運動を「類似の運動（運動アナロゴン）」といいます。

例えば、跳び箱の開脚跳びをクラス全員ができるようになることをめざすとします。開脚跳びの「類似の運動（運動アナロゴン）」は、うさぎ跳びや馬跳びです。

授業の考え方としては、スモールステップである程度長い期間で計画します。例えば、うさぎ跳びなどの動物歩きを1学期に経験させ、2学期に馬跳びを経験させてから3学期に開脚跳びの単元に入るというように考えます。

このように、習得させたい運動の「類似の運動（運動アナロゴン）」をたくさん経験させることを計画的に考えることが大切になります。

2 養っておきたい基礎感覚

さまざまな基礎感覚がある中で、体育授業では、次の4つの基礎感覚を養うことを特に大事にしたいと思っています。

・体幹や四肢の締め感覚　・逆さ感覚
・振動・回転感覚　・腕支持感覚

（各基礎感覚に対応する運動例は、本章末尾に一覧を掲載しています。）

これらの基礎感覚は、体育授業で行われるさまざまな運動で変形（メタモルフォーゼ）されるだけでなく、日常で大きなケガにつながらないような安全な生活を送るためにも必要な感覚だと考えています。

これらの基礎感覚が養われていないと、ちょっと転んでしまっただけで、上手に腕が着けなかったり変な転び方をしてしまったりして大きなケガにつながることがあります。そういった意味でも重要な基礎感覚だと考えています。

①体幹や四肢の締め感覚

体幹や四肢（腕や脚）を締めたり弛緩させたりする感覚は、あらゆる運動・スポーツにとって必要な基礎感覚です。体幹を締めることによって、体全体を安定させたり思うようにコントロールしたりできます。「体幹を締める」とは、「お腹に力を入れる」とか「お尻の穴を閉じる」というような感じで言われることが多く、腹圧が高まったり背筋が伸びたりするようなイメージです。

近年、さまざまな種目のトップアスリートが体幹トレーニングに注目しパフォーマンスを向上させていることは、多くのメディアによって伝えられています。体幹を締めたり弛緩させたりしてコントロールすることは、自分の動きのイメージと実際の動きを近づけます。子どもたちにとって体幹や四肢の締め感覚は身体コントロールの要となり、生涯にわたって運動・スポーツに親しむ基礎となります。例えば、下のイラストのような体をぎゅっと縮めたり棒のように真っ直ぐにしたりするような運動です。

登り棒

ダンゴムシ

手押し車

②逆さ感覚

逆さ感覚は、逆さまの姿勢になったときに自分の体を思うように動かす感覚です。

この感覚が養われていることで、逆さ姿勢になったときに自分の体がどういう位置にどういう状態にあるのかが何となくわかって、体を思うようにコントロールすることができます。

逆さ感覚が養われていないと、運動中、逆さ姿勢になったときに体がパニックを起こしてしまい、四肢（腕や脚）が縮こまってしまったり上半身が反り返ってしまったりしてしまいます。

鉄棒運動やマット運動などは、逆さ姿勢という非日常の感覚を楽しむという面もあります。例えば、下のイラストのような運動によって逆さ感覚を養っておくことで、子どもたちが動きを楽しむはばを広げることにつながります。

カエルの足打ち

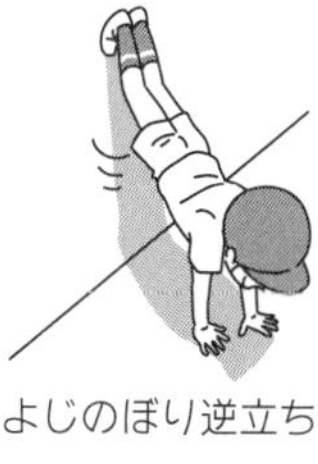

よじのぼり逆立ち

ふとんほし

③振動・回転感覚

振動と回転をひとまとまりの基礎感覚としているのは、振動を大きくすることによって回転になると考えているからです。

この感覚が養われていることで、逆さ感覚と同じように自分の体がどういう位置にどういう状態にあるのかが何となくわかって体を思うようにコントロールすることができます。

これらは、転んだりちょっとした段差から落ちたりといったようなときに、とっさに大きなケガにつながらないような身のこなしができるかどうかに関わってきます。

もちろん、振動するとか回転するといった非日常の感覚を楽しむという面も重要です。例えば、下のイラストのような運動によって、子どもたちの動きを楽しむはばを広げることにつながります。

だるま回り

前回り下り

ゆりかご

④腕支持感覚

腕支持感覚は、自分自身を腕で支えることができるかどうかという感覚です。自分の体重を支えられない子は、腕の筋力が弱いということがよく言われますが、筋力がないのではなく、自分自身を支える感覚がなくてつぶれてしまうのです。

腕支持感覚が養われていないと、転んだときに手を着くことができなかったり着くことはできても支えきれなかったりして顔を地面にぶつけて大きなケガにつながってしまうことがあります。

自分の身の安全を確保するという意味でも大事な基礎感覚です。

小学校期の比較的体重が軽い（特に低・中学年の）時期に、下のイラストのような腕で支える運動をたくさん経験させることで、腕支持感覚を養っておきたいです。

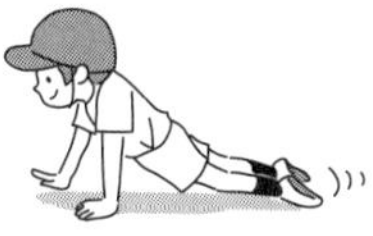

あざらし歩き

かべ逆立ち

ツバメ姿勢

3

養いたい基礎感覚と運動の具体

さまざまな動きの中でさまざまな基礎感覚を養うことができます。

次の表は、主に養いたい基礎感覚と運動の具体例です。

また、それらがどのような運動・技につながっていくのかを具体的に示してみました。

子どもたちに、ある運動や技を習得させたいと考えたときに、どのような基礎感覚をどの運動で養っていくのかを考える参考になれば幸いです。

養いたい基礎感覚	具体的な運動例・教材例	発展としての運動・技
○体幹や四肢の締め感覚	ダンゴムシ、逆立ち、アンテナ、手押し車、ターザン、登り棒、綱引き、かけっこなど	あらゆる運動・スポーツで活用される
○逆さ感覚	カエルの足打ち、よじのぼり逆立ち、かべ逆立ち、川わたり、ふとんほし、前回り下り、こうもり　など	倒立系、側方倒立回転、ロンダート、ハンドスプリング、逆上がり、腕支持回転（前・後）
○振動・回転感覚	ブランコ、ターザン、ゆりかご、前転・後転、前回り下り、だるまブランコ、こうもり振り　など	マット運動の前転・後転系の技、台上前転、逆上がり、だるま回り、こうもり振り下り
○腕支持感覚	動物歩き（くま、うさぎ、あざらし、クモ）、手押し車、よじ登り逆立ち、かべ逆立ち、ツバメ、馬跳び　など	側方倒立回転、ロンダート、ハンドスプリング、腕支持回転（前・後ろ）、開脚跳び、かかえ込み跳び

○手足の協応感覚	動物歩き（くも、うさぎ、あざらし、クモ）	あらゆる運動・スポーツ（器用な身のこなし）
○柔軟	ブリッジ、体前屈、開脚など	あらゆる運動・スポーツ（器用な身のこなし）
○片足踏み切り・両足着地	けんけん、両足ジャンプ、ケングー（ケンパー）、グリコじゃんけん　など	はば跳び（助走から踏み切って着地）、跳び箱（予備踏み切りから本踏み切り）
○投捕の動作	投げ上げキャッチ、キャッチボール、かべぶつけ、どこまでキャッチ、はしごドッジボール　など	すべてのボール運動・スポーツ（ゴール型、ネット型、ベースボール型、ターゲット型、などのあらゆる運動・スポーツ）

○潜る、浮く、息継ぎ、進む	沈みっこ（口、鼻、目、おでこ、頭の上）、もぐりっこ、浮き遊び（だるま、大の字、ロケット、くらげ、らっこ）、呼吸の「パッ」、バタ足、ドルフィンキック　など	さまざまな泳法（クロール、平泳ぎ、背泳ぎ、ドル平など）で活用される
○用具操作	短なわ（一回旋二跳躍、一回旋一跳躍）など	短なわ跳びにおけるさまざまな跳び方（前跳び～二重回し、など）
○他者との同調	長なわ（くぐり抜け、郵便屋さん、大波小波）など	長なわ跳びにおけるさまざまな跳び方（8の字跳び、ダブルダッチ、など）

4

「教材化」と「モジュール化」について

2章においてさまざまな「指導の工夫」について具体的に説明させていただきました。その中の1つの視点として「教材化」と「モジュール化」があります。

ここでは、特に子どもたちの学びの成果に大きく影響するその「教材化」と「モジュール化」について詳しく説明したいと思います。

1

素材の教材化

オリンピックやパラリンピックで行われるスポーツをはじめとして、さまざまなスポーツや競技が世界中にあります。**これらは基本的に、体育授業の視点から見るとすべて「素材」ということになります。**

例えば、バレーボールというスポーツ種目があります。競技自体は大変魅力的であり楽しいスポーツです。

ところが、それをそのまま小学校の子どもたちにやらせようとすると、その楽しさを味わわせることはできません。サーブは入らない、レシーブはできない、トスアップもできない、アタックもできないといった感じです。もちろん、単元の中では円陣パスなどの練習を入れて上手になるように考えています。そういった練習を踏まえた上でゲームを楽しませます。

しかし、実際は10時間という大きな単元を組んだとしても、授業の中の練習だけではまったくと言っていいほど上手になることはありません。

つまり、バレーボールというスポーツ種目をそのまま授業で扱うことは、無理があるということです。それを目の前の子どもたちの実態を見て彼らが楽しく学べるように工夫をすることが「教材化」するということです。

サーブが入らないなら、近いところから両手で優しく投げるようにします。レシーブが難しいのであれば、キャッチしてもいいことにしたりワンバウンドまで落としてもいいことにします。トスアップができないのであれば、キャッチしてから両手で下からふわっと投げ上げるようにします。アタックができないのであれば、ネットの高さを低くします。

それ以外にも、教具を工夫してボールを柔らかくて軽いモノを使ったり、ルールを工夫してコートの大きさを変えたり、本当に様々な「教材化」が考えられます。

目の前の子どもたちが楽しめるように、こんなふうに工夫したら難しい技能も簡単になって楽しんでくれるかなと想像しながら考えていきます。

2 やさしい（優しい、易しい）教材

「教材化」を考えるときに、あまりにもいろいろな工夫のアイデアがあってどれを選んだらいいのか困ってしまうことがあるかもしれません。

子どもたちは、自分ができる運動が大好きです。大人が「こんな単純で簡単なものはつまらないのでは？」と思うような運動でも、飽きることなく繰り返し楽しんでいることが多いです。工夫をするときは、目の前の子どもたちにとって優しい教材であり、易しい教材であるようにしたいと考えています。

また、小学校の体育授業のために考えられた運動で、ポートボールとかラインサッカーという（それぞれバスケットボールやサッカーといった）スポーツを「素材」とした教材があります。昔から行われてきた教材ですが、こういったものも「素材」と捉えます。**目の前の子どもたちに合わせて「教材化」する**のです。

では、目の前の子どもたちに合わせるには、どのように考えていけばいいのでしょう。

まずは、子どもたちが何に困るのかを予想します。例えば、ゴール型のボール運動を授

業で扱おうと思えば、ボールが堅いと痛いから嫌がる子がいるだろうと考えられます。できるだけ柔らかいボールを探します。ボールが速く飛んでいったり転がっていったりして諦めてしまう子がいるかなと思えば、フライングディスクを使ってふわふわ飛ぶ教具を選ぶといった感じです。

いつも、体育があまり得意ではない子、好きではない子を念頭に置いて考えることが大切になります。

同じようにして、コートの大きさやネットやゴールの高さなどのルールも工夫できないか考えていきます。例えば、ゴール型のボール運動であれば、正式には5人以上のチームで行う種目が多いかと思います。5人が同時にプレイすると、体育があまり得意ではない子はボールが触れなくて面白くないだろうなと予想します。そこで、人数を減らして4人とか3人で行うゲームにします。また、ゴールが高かったり小さかったりしたらなかなかシュートが入らずに楽しさを味わえないなと予想します。ゴールを低くしたり大きくしたり、オリジナルのゴールを考えたりします。体育があまり得意ではないあの子が、この教具やルールであれば楽しく学んでいけるかなと予想することが大切になります。

もう1つ、易しい教材を考えるときの大事な視点があります。

それは、子どもたちに何を学ばせるのかという視点です。

特にボール運動では、学ばせる内容が複雑になりがちです。2章の「ボール運動　ゴール型」のところですでに解説しているように、かなり易しい内容にまで焦点化する必要があります。

ボール運動に限らず、子どもたちにどんなことを身につけさせたいのか、わかって欲しいのか、どんな友だちとの関わり方をして欲しいのかをできるだけ焦点化して考えるようにします。体育の授業であまり多くのことを求めすぎると、結局何を学んだのかわからないまま単元を終えてしまうことになってしまいます。

体育授業が何を教える教科なのかは、さまざまな考え方があります。詳しくは、6章で触れていきますが、どの考え方で授業を考えるかによって授業の様相が大きく変わってきます。私としては、どの考え方で授業づくりをしてもいいと思います。大事なのは、繰り返しになりますが「今、目の前にいる子どもたちのために」ということだと思っています。そこさえ間違えなければ、どの考え方でつくった授業であってもいい授業だと言えるのではないでしょうか。

3 奥行きの深い教材

易しい教材を授業で行うときに心配になるのは、運動ができる子どもたちが飽きずに楽しく学ぶことができるかどうかです。

運動課題が比較的易しい場合、運動が得意な子はすぐにできるようになります。それはそれで楽しいと思うのですが、それをどれくらい繰り返して楽しむことができるようにするのかを考えておかなくてはなりません。方法としては、いくつか考えられます。

- 連続回数やできる時間を増やすという課題を示す。
- 時間制限を設けて、その中で回数を増やすという課題を示す。
- 少し難易度の高い発展的な運動課題を示す。
- 異なる運動課題を示す。
- 競ったりじゃんけんをしたりしてゲーム化する。

例えば、鉄棒で「抱え込み回り（だるま回り）」の単元を考えるとします。

まずは、お手伝い（友だちの補助）でできるようになることをめざします。

その後、1人で回れるようになることをめざし、できるようになったら何回連続でできるか、自分の最高記録をめざします。その中で、クラス1番とか同性では1番といっためざし方も考えられます。時間に制限をつけても楽しめます。

その後、前回りだけでなく、後ろに回ることにも挑戦します。これは、少し難易度の高い発展的な運動課題ということになります。「逆上がり」や「こうもり振り下り」というような、まったく異なる技に挑戦させてもいいですが、系統が違うとそれまで養ってきた基礎感覚と違うので、学びが分断されてしま

だるま後ろ回り

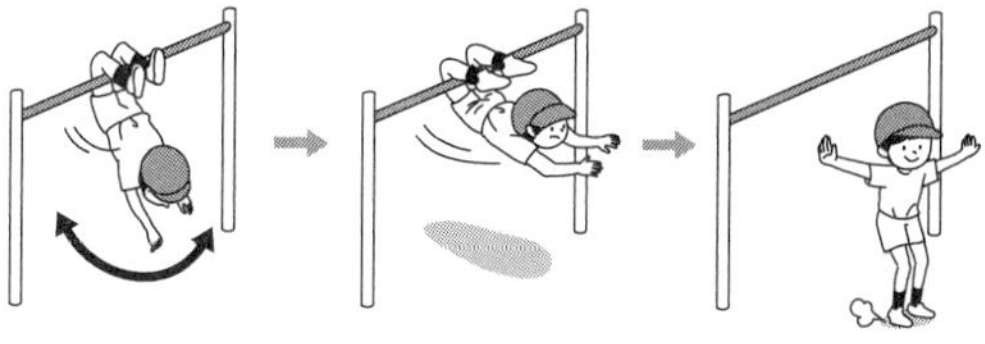
コウモリ振り下り

ったり仲間と共に学んできたことがその子だけ違うことをやることになってしまったりします。

単元の中の学びとしては、同じ系統の発展的な運動課題に挑戦していくほうがよいと考えます。

「抱え込み回り（だるま回り）」の場合、後ろ回りができたら片方の足だけを持つ「片足だるま」、腕を交差して足を持つ「クロスだるま」、前回りと後ろ回りをつなげる「だるまスイッチ」、これらの技を連続で行う「組みかえだるま」と、さらなる発展技がたくさんあります。

子どもたちは、同じ「抱え込み回り（だるま回り）」という技に取り組んでいるのですが、**それぞれの子に合った難易度の課題に挑戦しているということになります。**

このような教材を奥行きの深い教材と考えています。

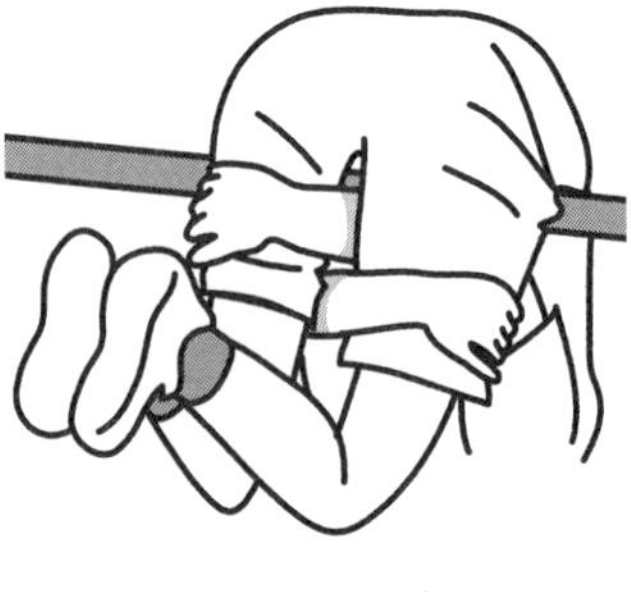

クロスだるま

4 授業のモジュール化

「モジュール」というのは、10分や15分、20分といった短い時間を単位として、1単位時間を時間に応じて弾力的に区切る考え方です。

小学校学習指導要領解説総則編（P62～64参照）においては、これに関わって次のような記載があります。

> …授業の1単位時間すなわち日常の授業の1コマを何分にするかについては、児童の学習についての集中力や持続力、指導内容のまとまり、学習活動の内容等を考慮して、どの程度が最も指導の効果をあげ得るかという観点から決定する…
> …各教科等の授業の1単位時間は、各学年及び各教科等の年間授業時数を確保しつつ、児童の発達の段階及び各教科等や学習活動の特質を考慮して、各学校において定めることとする。

つまり、授業のモジュール化は、年間授業時数を確保することを前提に、体育科という教科の特質を考慮して各学校で決めることができるということです。

体育科の教科としての特質は、次のように考えることができます。

体育科の大きな特質は、「体を育む教科」であるということです。

特に、さまざまな基礎感覚づくりは体育授業の主な内容となりますが、その運動を行ったからといってすぐに身につくものではありません。運動を繰り返して経験する頻度とそれが体に染み込む期間が必要となります。

同様に、**体のことなのでどのように動いたらよいのかが「わかる」ようになっても、すぐに「できる」わけではありません。身についているさまざまな基礎感覚を応用させるため、「できる」ようになるための時間が必要**になります。

子どもによって、すぐにできるようになる子と時間がかかる子とそれぞれです。「わかる」ことと「できる」ことが直接的に結びついているわけではないということも大きな特質であると考えられます。

体育授業は、本質的に「できる」ようになることをめざす中での学びとなるため、動き**の頻度と期間（時間）**が必要だと考えることができます。授業をモジュール化することで、その頻度と期間（時間）を保証することができます。

5 モジュール化のメリット

体育授業をモジュールで考えることのメリットとしては、次のように考えています。

- ・頻度と期間（時間）を保証できる
- ・「もう少しやりたい」と思わせる
- ・短時間だから頑張れる
- ・授業をシンプルにせざるを得ない
- ・1つの教材研究が深くなる

モジュール化の1番のメリットは、頻度と期間（時間）を保証できるので、できるようになる子が増えるということです。1回の授業を15～20分で考えるため、授業回数としては2～3回で1単位時間となります。これは授業回数を2～3倍行えるということです。

例えば、6時間の単元を考えたとします。体育授業は、45分が週3回あるのが通常かと思います。45分を同じ領域で行うと、6回の授業は2週間で単元が終わります。2週間ですべての子が基礎感覚が養われ、それを応用して技能として発揮してできるようになるかというと、かなり厳しいと考えられます。

ところが、モジュールで考えて45分の授業を20分程度の2領域で行うと、2回の授業で1単位時間となるので、倍の12回授業ができることになります。12回は、4週間です。およそ1か月もの間、その教材に取り組むことができるため、ほとんどの子が技能成果が上がってできるようになるのです。

また、15〜20分という短い時間しかその運動に取り組まないために、子どもたちは「もう少しやりたい！」という気持ちになることも多いです。すると、休み時間にその運動で遊ぶ子どもたちが出てきます。

休み時間に授業で扱った運動で遊ぶことは、非常に意味があります。基礎感覚が養われることはもちろんですが、遊びの中でその運動をしているので、子どもたちが授業で「どうやったらもっと上手にできるようになるのか」「どうしたら（遊んでいるときも友だち

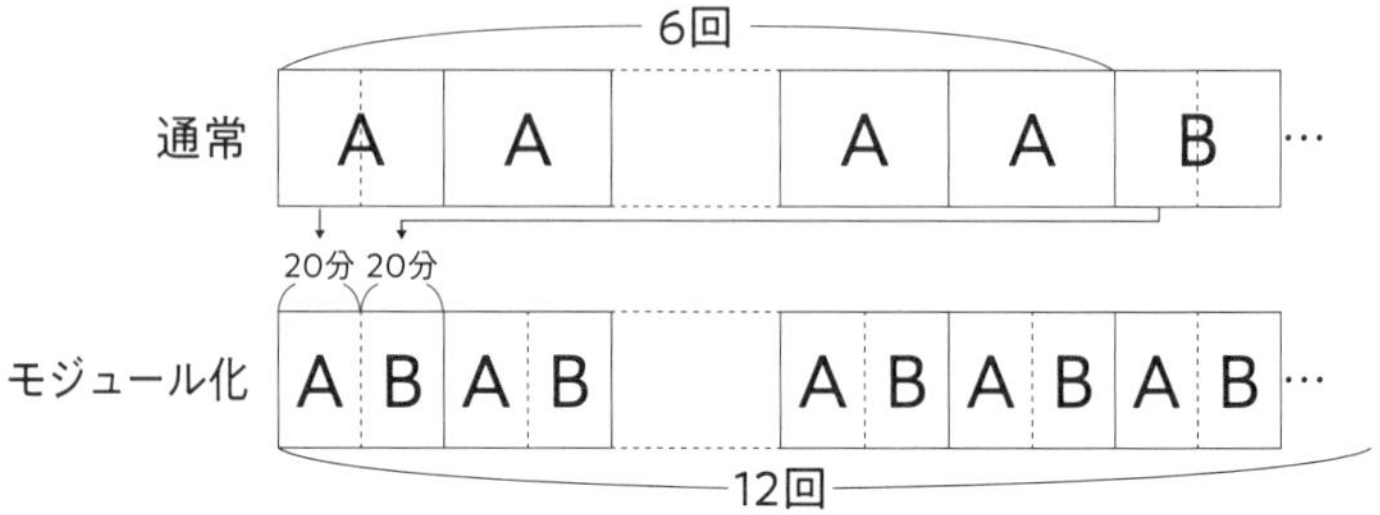

に）勝てるようになるのか」といったことを考えながら授業に取り組むようになり、学びに必然性が生まれます。体育授業で扱った運動が、子どもたちの自由な休み時間でも行われるということは、運動が生活化するといった意味でも大変に意味のあることです。

逆に、ある子にとっては、授業で扱われる運動がどうしても苦手だということもあります。苦手な子にとっても、1回の授業の中で領域の異なる運動を2つ行うことは、頑張り方が違ってきます。

例えば、鉄棒運動などは好きな子にとってはすごく楽しいですが、苦手な子にとっては痛いし怖いしできないし、まったくいいことはありません。それが45分間も続くとなると、その子はモチベーションが上がりません。それでも、15～20分くらいの短時間であれば頑張ることができます。その短時間を頑張れば、授業の後半に大好きなボールゲームやおに遊びができるということがあれば、なおさら頑張れます。

この毎回の授業の短時間の頑張りが、1か月もの間続くことで、すべての子どもが成果を上げることにつながるのです。

教師の側にもメリットがあります。

1つの教材を15～20分程度しか取り組まないので、コートのラインをたくさん引いたり教具をたくさん準備したり学習カードの記入時間を長くしたりといったことができません。準備や片付けはもちろん、できる限り学習内容をシンプルにしないと短時間で次の教材に移ることができません。授業をシンプルにせざるを得ないのです。

効率よく準備をするために子どもに役割分担をするという方法もあります。もちろん、子どもたちが自主的に動いて準備を進めることは素晴らしいことです。しかし、その準備をするための説明の時間や子どもたちが準備をするために教師が準備しなければならない時間などを考えると、そもそもシンプルな授業を考えたほうが子どもにとっても教師にとってもメリットが大きいのです。

また、1回の授業で2つの教材に取り組もうとすることで、授業をマネジメントする力が身についたり教材の理解が深くなったりしていきます。

授業をマネジメントする力とは、授業を効率的に運営する力です。体育授業は、整列をしたり移動したり待機をしたり説明を聞いたりと、運動をしていない時間が思っている以上に多いものです。できるだけ子どもたちに運動する頻度や時間を保障するために、そういった、必要だけれども本質的ではない時間を減らす努力をすることが大切になります。

教材については、どの教科であっても単元前に教材研究をするかと思います。

モジュールの考え方で授業を行うと、1回の時間は短いですが、単元そのものの期間が長くなります。1つの単元の期間が短いとせっかく教材研究をしても、すぐに次の単元の教材研究をしなければなりません。期間が長いことによって教材研究したことをしっかりと子どもに成果としてあらわすことができたのかを検証することができます。

1つの単元の期間が長いと、最初の計画を修正することも多くなってきます。子どもの実態を考えてはいるものの、実際に授業を行ってみたら教材研究をしているときには考えていなかったようなことがいくつも現れてくるのです。その教材について、子どもの実態から深く学ぶことができるのです。

次から次へと教材研究をしていくよりも、教師も子どもも長い期間じっくりとその教材に向き合うことで、より深い学びが実現できるのです。

6

モジュール化のデメリット

・2つの教材が同時進行なので「大変さ感」がある
・他のクラスと同じ場所を使う場合、交代のタイミングを合わせる必要がある

授業をモジュールで考えると、1回の授業で2つの教材を考えておかなくてはなりません。そういった意味では教師に「大変さ感」があります。その感じがモジュールで授業を行うことを躊躇させるかもしれません。

しかし、最初こそは1回の授業で2つの教材を行うイメージが持てず、同時に教材研究をしたり単元全体を考えたりと「大変さ感」があるかもしれません。しかし、単元が流れ始めれば思ったほどではありません。2つの単元が同時に始まって同時に終わる必要もないので、単元の始まりと終わりの時期がずれることで1つずつ単元を考えることができます。単元が1つ始まるとその単元が終わるまでに通常の倍の期間がかかるため、次の教材研究を始めるまでに少し期間が空きます。その間は、授業の中で子どもたちとじっくりと向き合うことができるのです。

授業中にも、準備や片付けの「大変さ感」があるかもしれません。そのような場合は、

もっともっと授業をシンプルにして準備物や内容を減らす必要があるということです。子どもに何を学ばせたいのか、それを学ばせる端的な教材は何かを考えていくことになり、深い教材理解へと結びついていきます。

モジュール化せずに45分の中で多くの資料を掲示したり多くの教具で場を作ったり学習カードに多くのことを書かせたりする授業は、もちろん「大変」です。そういった授業が、その「大変」さに見合う成果を本当にもたらしているのかを考えてみるといいと思います。

また、1回の授業で2つの教材を扱うと、場所の問題が出てきます。他のクラスや学年が同じ場所を使う可能性があるからです。カリキュラムを調整して、同じ場所、教具、ラインでできる教材を同じ時期に扱うようにすると、準備や片付けが効率的になります。

授業中の交代のタイミングは、基本的には授業の半分の時間で交代する約束にしておきます。子どものその日の体調や集中力、教材によっては、半分の時間で収まらないこともあります。そのような時間の多少の増減については、運動を1回余計に行うとか、約束事の再確認をするなどのつなぎを臨機応変に行うことを考えておきます。

慣れてくると、子どもの様子や教材の特徴などがわかってきて、交代する先生との阿吽の呼吸でできるようになります。

7 モジュールによる授業の組み合わせ例

モジュールの考え方で授業を行うと、1単位時間で2～3つの教材を扱うことになります。実際にどのような領域・教材を行っているのか具体例を示したいと思います。基本的な考え方として、準備する物やラインが多い教材を2つ同時に授業の中で行うことはなるべく避けるようにします。例えば、次のような教材を同時に行います。

・短距離走＋鉄棒
・リレー＋鉄棒
・鉄棒＋跳の運動（はば跳び）
・鉄棒＋ボール投げ
・鉄棒＋おに遊び

陸上運動は、ラインを引く必要がありますが、鉄棒運動は固定遊具で常設されているため、特別な準備の必要はありません。同じ時間に扱ったとしてもそれほど負担にはなりません。どちらを先に行うかは、気温や時間のかかる教材かどうか、子どもの喜びそうな教材を後にして楽しく授業を終わらせたいといったようなことを考えて決めます。

また、ルールの説明など、新たに説明が必要な運動を2つ同時に行うということも避けるようにします。簡単な準備でできる運動と組み合わせます。

・鉄棒＋ボール運動
・体つくり運動＋ボール運動
・マット運動＋ボール運動

ただ、高学年のボール運動の場合、2つの教材を扱わずにじっくりと取り組むこともあります。同様に、水泳やハードル走といった準備に時間のかかる教材を扱うときも1つの教材で行います。

その他にも、次のように授業の前半で体つくり運動を位置づけることによって基礎感覚づくりや基礎となる動きを習得させる意図で扱うこともあります。

・体つくり運動（動物歩きなど）＋マット運動あるいは、跳び箱運動
・体つくり運動（投捕の運動）＋ボール運動

さまざまな考え方で1単位時間の中で2～3つの教材を扱います。学校の施設や用具の環境に応じていろいろ試してみると、やりやすいものが見つかります。

5

体育授業における「個別の配慮」

○は、授業前に考えておく視点 ◇は、授業内で教師が行うこと　太字は本章で詳述する項目

活用	焦点化	多感覚化	共有化	個別の配慮
習得・理解	○スモールステップ（系統性） ○モジュール化 ○共通課題の設定 ○学習内容の焦点化 ◇問い返す ○学習内容を誇張する教材化	○口伴奏 ○運動感覚習得の教具・場 ○変化のある繰り返し ◇運動の視覚化 ○ポイントやコツの言語化 ◇広げる	○共通言語の活用 ◇発問する ◇助言する ・教師 ・子ども ○児童間補助 ○共通言語化 ◇強化する ・全体 ・グループ	**◇教師補助** **○教具・場の工夫** **◇動きの言い直し** **○ICT 機器の活用**
参加	○学習環境の構造化　時間（マネジメント）、並び方、固定小集団、ルール、指示、教具、場、視覚的配慮 ○肯定的な雰囲気づくり リズム太鼓（音楽）、リーダーの活用・協力、励まし・承認の声かけ ○基礎感覚づくり（そろえる）各領域の基礎感覚			

図　体育授業ＵＤ化モデル（2019年Ver.）

それぞれの子どもによって身に付くまでの時間に差があるとは思いますが、基本的には基礎感覚づくりの運動を潤沢に行うことですべての子どもが思うように「動ける体」を獲得できると考えています。もちろん、1人1人の子どもによって身につくまでの時間に差が生じてきます。それゆえ、時間的な限界（担任をできる期間や授業時数が限られている）から、どうしても「個別の配慮」が必要なケースが出てきます。

体育授業における「個別の配慮」は、上の表にあるように次の4つの視点を考えています。

> ◇教師補助　◇動きの言い直し
> ○教具・場の工夫　○ＩＣＴ機器の活用

1 教師補助

教師による補助は、鉄棒運動、跳び箱運動、マット運動といった器械運動系の運動がよく知られています。他にも、水泳、ボール投げ、なわ跳びでも補助ができます。教師が正しい補助のやり方を知っていることで、１人ではできない子に対して安全にその運動全体の流れを経験させることができます。

運動が苦手な子やつまずいている子は、どのように体を動かしていいのかわからずにいます。基礎感覚が十分に養われていなかったり、動きのイメージを持てないでいることで「怖さ」を感じています。

教師補助は、一連の運動のリズムや流れをまるごと経験させることで、必要な基礎感覚を養ったり「怖さ」を払拭したりすることができます。教師が行う補助は、子どもに安心感をもたらします。

子ども同士で補助をさせることのできる教材もあります。

「児童間補助」は、指導の工夫の共有化のキーワードですが、子ども同士の信頼関係を生みます。「〇〇くんのおかげでできるようになった」「☆☆さんをお手伝いしてあげたらできるようになった。嬉しい」という思いを身体というリアリティを通して実感させることができます。

教師補助の場合でも同様に、教師とその子との信頼関係を生み出すことができます。**正しい補助のやり方を覚えておくことによって、子どもの信頼を得やすくなります。**

こういった「補助」による「個別の配慮」で留意しておきたいのは**「教師や子ども同士の補助でできる子」も「できた」という評価**をしたいということです。それによって、全員が「できた」という経験をすることができます。

それでも基礎感覚が養われておらず、**本当にできない子は、これらの補助で行おうとしてもできません。補助でできるということは、それなりの「思うように動ける体」となっているということ**なのです。そして、補助でも運動の流れ全体を経験することでも基礎感覚を養うことができるので、補助で「できる」という運動経験は大変意味があると考えています。

その上で、教師補助でできる↓友だち数人の補助でできる↓友だち1人の補助でできる↓1人でできる、というスモールステップで「できた」のレベルを上げていきます。

具体例をあげます。

①鉄棒「前回り下り」の補助

　前回り下りは、「ツバメ姿勢」から頭を下ろしていく運動です。しかし、中にはツバメ姿勢ができない子もいます。まずは、おへそくらいの高さの鉄棒を使ってツバメ姿勢に挑戦させます。鉄棒が高いと肘を伸ばす前に下りてしまいます。

　ツバメ姿勢の補助は、右下のイラストのように鉄棒をはさんで正面に立ち、上腕を持って少し持ち上げてあげながら肘が曲がらないように手のひらで押さえます。子どもの様子を見ながら力の加減を調節して１人で10秒できるように声をかけてあげます。

　ツバメ姿勢ができるようになったら、ゆっくり頭を下ろして前回り下りに挑戦させます。下のイラストのように鉄棒をはさんで子どもの横に立ちます。

　右腕を子どもの胸側から右肩へ伸ばして持って支えます。

ツバメの補助

左腕は、頭越しに構え、前回りをして回ってきたときに背中を持ってゆっくりと下ろしてあげます。胸と背中の両面を支えることで、いつでも子どもを持ち上げることができるので落下を防ぐことができ、子どもにとっても常に落ちる側に腕があるので安心感があります。

②マットでの後ろ回りの補助

後ろ回りができない子は、後ろへ回ることへの不安から勢いが付けられない場合と、首がひっかかって回れない場合があります。

補助で後ろ回りをできるようにするには、ゆっくりでもいいので、足を後方に倒して腰を持ち上げさせます。そこでタイミングよく腰を持って、真上へ持ち上げてあげると引っかかっていた首がとれてスムーズに回れるようになります。後ろへの回転の勢いを補助しようとして後ろ向きへ押してしまうと、首を痛めてしまうので必ず上に持ち上げます。

③跳び箱で開脚跳びができない

開脚跳びの補助は、比較的有名です。多くの子は、この補助を繰り返すことでできるようになります。開脚跳びに取り組む前に「馬跳び」をたくさん経験させておくことで、より簡単にできる子が増えます。

子どもにとって跳び箱を跳び越そうとするのは、その堅さから「怖い・痛い」イメージがあります。

教師の補助によって痛みなく跳び越す経験を何度も繰り返してあげます。

補助のやり方は、下のイラストのように、跳び箱の横に立って行います。

子どもが軽く助走をして踏み切ったタイミングで、上腕とももの裏を持って持ち上げながら跳び箱の向こう側へ運んであげます。

運んであげる力を少しずつ抜いていくことで、子どもは自分で支持して重心移動できるようになっていきます。

2 動きの言い直し

教師は授業中、できるだけたくさんの言葉を子どもにかけたいものです。子どもが楽しかったと思うような授業は、45分間に100以上の言葉がけをしていると言います。言葉の内容は、まずは「褒める」ことです。しかも、できるだけ具体的に褒めると子どもの心に残ります。

また、具体的にどのように動きを改善したらいいのかという「矯正」する言葉がけをすることも大切です。子どもがどうしたらできるようになるのか悩んでいるときに、具体的に「矯正」するポイントの言葉をかけられると、できるような気がしてモチベーションも高まります。ただし、動きの感覚を言葉にすると、なんとなく理解できる子とよくわからない子がいます。感覚なので人それぞれです。

そのようなときに、個別にいろいろな言葉で言い直すことが効果的なこともあります。

例えば、「後方ひざかけ回転」でひざの裏で鉄棒をはさんで回転軸を固定しながら後ろに勢いよく回るときに、

「鉄棒の上にあるボールをオーバーヘッドキックでけるつもりで回ってごらん」

というような言葉がけをします。

男の子でサッカーのイメージを持っている子であれば、これで回れるかもしれません。でも、サッカーのイメージのない女の子には別の言葉がけが必要になります。

「振っている足を、1・2の3でグルンとひざから鉄棒にひっかけるつもりで頭から思い切り倒れ込んでごらん」

というような言葉がけをします。「1・2の3」や「グルン」といったリズムやオノマトペを使ったり口伴奏にしたりするのも感覚に訴えかけることができて効果的です。「…するつもりで…」というところの言葉が多彩であれば、子どもたちがさまざまな動きのイメージをつくって挑戦することができます。その中で、自分のイメージや感覚に合う言葉があれば、動きに反映されてできるようになるのです。

個別に配慮が必要な子には、その子がイメージしやすい動きを言葉でかけてあげるように考えます。

もちろん、教師の言葉も大事ですが、子どもたちに「どんな感じで回っているのか」を考えさせて言葉で表現させるのも効果的です。

3 教具・場の工夫

個別の配慮が必要な子のために、特別な場を準備します。めざす運動や技ができるようになるために必要な基礎感覚を楽しく養える場であるとか、つまずきやすいところを簡易化してつまずかないようにする場です。

例えば、マット運動で後転をする場合、後ろへの回転感覚が養われておらず怖がってしまう子もいますし、回転の途中で腕でしっかり支持できずに頭がひっかかって止まってしまう子もいます。

後ろへの回転の勢いがつけられない子には、左頁のイラストのように、踏み切り板をマットの下に置いて少し傾斜をつけます。傾斜のついたマットで取り組ませることで、自分1人の感覚で行うよりももっと勢いをつけることができます。

子どもは、自分が思っている以上に勢いがつくことによって後転を成功させることができます。

また、回転の途中で頭が引っかかって止まってしまうような子の場合、手でマットを押して体を持ち上げて頭が引っかからないように指導します。すぐにできるようにならない子には、手でマットを押せなくてもひっかからないような場の工夫をすることによって後転を成功させることができます。

例えば、下のイラストのように、マットを重ねてVの字にします。マットの厚みを利用してそこへ頭が入るようにします。すると、マットを手で押して体を持ち上げることができなくても頭が引っかからずに後ろに回転することができます。

体育授業には、このように工夫された場のアイデアがたくさんあります。そういった場を、個別に配慮が必要な子にだけ提供していきます。

「教具の工夫」については、例えば、バスケットボールのゴールにシュートするようなゲームを行ったときに、ボールがゴールに届かない子がいることがあります。そのような個別に配慮が必要な子が使う場合（そのゲーム）だけ、

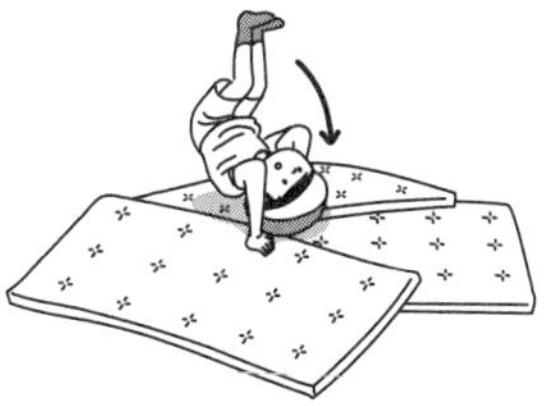

その子が投げてもゴールに届くような軽いボールを使うといった配慮が考えられます。

「場の工夫」については、これまでの体育の授業研究においても全領域にわたって考えられてきています。しかし、これまで考えられてきた「場」は、すべての子を対象とし、全員が（ローテーションなどして）経験する「場」として捉えられてきました。それに対し**「個別の配慮」としての「場の工夫」は、特定の子の課題に合う「場」として提供されるもの**と捉えられます。

なぜなら、学習内容を焦点化した体育授業では、共通課題で授業が展開され、それに対して「個別の配慮」が必要な子が生じてくるからです。これまで体育授業の研究成果に学びつつ、目の前の子どもの課題を見取り、その課題に合った「場の工夫」を提供することが求められます。

4

ＩＣＴ機器の活用

ＩＣＴ機器の体育授業での活用については、さまざまな研究実践が報告されていますが、体育授業の場合、複数の機器を使って準備に時間がかかるような活用の仕方は望ましくありません。他の教科と比べると、授業の中で準備物が大きく多いというのが、体育授業です。教具を準備したり片付けたりする時間は、極力少なくしたいものです。

今のところ、シンプルに準備ができて活用できる機器は、デジカメやタブレットＰＣといった動画を撮ったり再生したりすることができる機器です。それをみんなで共有して使います。班で１台とか１人１台といった使い方をすると煩雑になります。

個別に配慮が必要な子は、自分のイメージしている動きと実際の動きに差がある子が多いです。実際に自分の動きを映像で見ることによって劇的に動き方が変わる子がいます。また、運動の流れやタイミングは、スロー再生ができる機器を使うことでポイントを共有化しやすくなります。ＩＣＴ機器の活用については、まだまだ研究の途上にありますが、今後、重要なアイテムになっていくことは間違いありません。

6

これまでの体育授業づくりの考え方

体育授業は他教科と比べ、子どもたちの自由度が高い教科です。教室内では大人しく椅子に座って机についている子どもたちでも、広い運動場や体育館だと興奮してしまいがちです。それゆえ、1人1人の個性があらわれやすいという特徴があります。

教室では授業中に椅子に座ってさえいれば目立たないので、その教科が苦手で嫌だと思っていたり他の子と関わることが苦手であったりしても、大人しく真面目に授業を受けているように見えます。ところが体育授業の場合、運動が苦手で嫌だと思っている子は座ったり壁に寄りかかったりして休んでしまいがちです。運動に消極的であることがばれないように、運動している子たちの周りでつかず離れずの距離にいて上手に逃げている子もいます。また、他の子との関わりが苦手な子は、すぐにトラブルを起こしてしまい感情を爆発させてしまうこともあります。

自由度が高い分、そういった1人1人の子の特徴が明らかになりやすいのが、体育授業です。

1 チクセントミハイのフロー理論

　これまでの体育授業の研究は、こういったあまり体育学習に参加していない（できない）運動の苦手な子どもを対象にすることが多くありました。多くの研究がなされる中、1つの考え方が全国に広まりました。

　それは「個に応じて」というキーワードと共に個別化した学びの授業モデルが文部省（当時）から示されたのです。子どもにとって能力が高ければ難易度の高い課題が楽しいし、能力が低ければ難易度の低い課題を楽しいと感じる（フローを体験する）、という心理学者のチクセントミハイが提唱した楽しさの「フロー理論」を論拠にした授業モデルです。

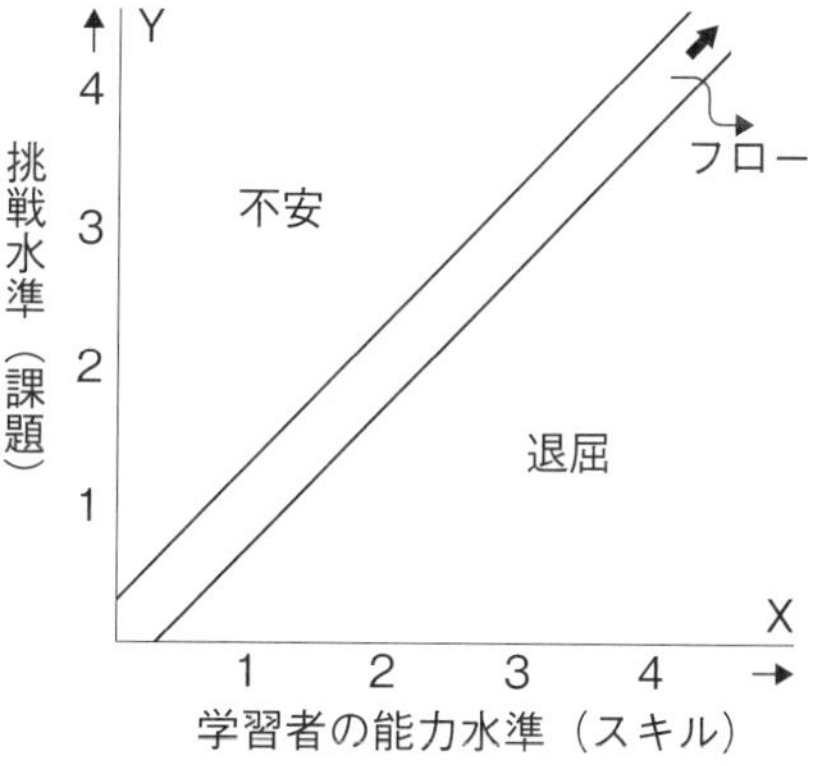

フロー理論の図

先の図の課題の難易度の縦軸と子どもの能力の横軸の合うところ、帯になっているところで学習者は「フロー（没頭する楽しさ、遊び、創造、など）」を体験するということです。能力よりも課題が低い（課題の難易度と能力の合うところが、帯になっているところよりも下にくる）と、学習者は「退屈」を感じます。逆に、能力よりも課題が高い（課題の難易度と能力の合うところが帯になっているところよりも上にくる）と、学習者は「不安」を感じるということです。

つまり、子ども1人1人の能力や資質は違うはずであり、それぞれが楽しいと感じる課題は異なるため、授業においては子どもが楽しいと感じる課題を1人1人をよく見て提供していく必要があるということです。この論理を具現化しようとすると、35人の子どもたちがいれば35通りの課題があり、教師は1人1人の課題に応じた支援をしていかなければならないということになります。

そして、子どもたちが自ら自分の能力に応じた課題を見つけて運動を行っていく授業がめざされました。その結果、多くの学習カード、多くの掲示物、多くの場や大がかりな場を作ってそれぞれの子どもが運動に取り組むような授業となり、課題が多様化し、授業づくりが複雑化していったのです。

しかし、時間的な限界、安全面への配慮の限界、教師の子どもの見取りと教材解釈の限界など、いくつかの現実的な問題が明らかになり、場を広げすぎない傾向になっていきました。子どもたちのために1人1人に適した場を考えてあげたり作ってあげたりしたいのだけれども、45分という授業の中でそれを行うことは、あまりにも難しいということがわかってきたのです。仮にそのような場が準備できたとしても、すべての場で教師の目を行き届かせて安全面を確保することは難しいということもわかってきました。

また、初任からベテラン、体育授業を専門に学ぶ教師や他の教科を専門に学ぶ教師といったさまざまな方がいる中で、すべての教師が多くの場を作って安全面を配慮しつつ系統を意識した声をかけていくということは、かなり難しいということがわかってきたのです。

さらに、自ら自分の能力に応じた課題を見つけて場を選ぶという点においても現実的には難しく、多くの子は易しすぎたり難しすぎる課題に取り組む傾向にあるというデータが示されました。実際には、子どもたちの課題はその場に友だちがいるかいないかという要因で決められることも多く、授業で這い回ることが多いという実態が明らかになりました。

その後、教えるべき内容を教師が明確に持つことによって子どもたちにしっかりと学ばせ（伝え）ていくことの重要性が主張されるようになりました。しかし、それでもこれまでの授業研究の延長線上で授業づくりを考え、多くの学習カードや掲示物・資料を使ったり複数の場を作ったりするという複雑なスタイルを続けている地域もあります。

近年、フロー理論は個ではなく集団として見ることで、集団としての課題を焦点化して授業づくりを進め、集団でのフロー体験をさせるというように考えられはじめています。

2 プレイ論

これまでの体育の授業づくりの考え方には、もう1つ「プレイ論」が大きく影響しています。「プレイ論」とは、カイヨワやホイジンガらによって分類された遊びの要素を授業の中に取り入れていく考え方です。具体的には、ホイジンガが分類した次の4つの要素です。

①アゴン（競争）　②アレア（偶然）
③イリンクス（めまい）　④ミミクリー（模倣）

これらの4つの遊びの要素を授業の中に取り入れていくことで、子どもにとって授業を「遊び（プレイ）」にし、楽しく学べるようにします。

それぞれの例を簡単に示したいと思います。

①アゴン（競争）

かけっこのような単純な競争から、押し相撲のような勝負、リレーやボール運動のようにチームで勝敗を競うもの、制限時間での回数を競うことなどさまざまです。

②アレア（偶然）

じゃんけんやくじ引きなどの偶然性を伴うことです。

③イリンクス（めまい）

スキーやスカイダイビングなど、感覚を楽しむことです。授業では、逆さや回転、水の感覚などを楽しむことが当てはまります。

④ミミクリー（模倣）

ごっこ遊びなど、何かになりきったりまねをしたりして楽しむことです。

こういった「遊び（プレイ）」という非日常世界に浸ること自体が学びであると捉えているのです。ホイジンガは、その著「ホモ・ルーデンス」において、人間は本質的に遊ぶ（プレイする）存在であり、プレイは人間の文化を生み出し育む根源的な力となってきたことを示しています。体育授業は、1970年代から竹之下休蔵によってプレイ論を導入してきました。「遊び（プレイ）」は、人間を夢中にさせ本気にさせます。このことは、子どもの成長にとって重要な意味を持つのではないでしょうか。

3 特性論

これまでの体育授業では、「遊び（プレイ）」に没頭させることを「運動の特性に触れさせる」という言い方をしてきました。運動がもともと持っている楽しさが、子どもを運動に夢中にさせるのです。特性には、次の４つの特性があるとされています。

①効果的特性
②構造的特性
③機能的特性
④子どもから見た特性

詳しく述べると大変難しい理論になってしまうので、ここでは、簡単な説明に留めます。

①効果的特性
運動をすることによって、心や体の発達に効果的な働きをするということです。
例えば、運動をすることで心が晴れやかになったり仲間と仲良くなったりすることや、心肺機能が高まって健康になるといったことです。

②構造的特性

運動の仕組みがどうなっているかに着目するということです。

例えば、跳び箱運動の開脚跳びを行うときは「跳び箱を助走から予備踏み切り、本踏み切り、体の投げだし（空中姿勢）、着手、切り返し（重心移動）、着地という一連の動きで跳び越す運動である」と捉えます。

③機能的特性

その運動がどのような楽しさを味わえるか、本質的な楽しさは何かということです。

例えば、陸上運動のハードル走の場合「障害物をリズミカルに跳び越えることが楽しい」といった感じです。

④子どもから見た特性

ここまでの特性は大人から見たものであり、子どもにとってどうかを考えたものです。

例えば、鉄棒運動の逆上がりを行うときは「地面に足を着いて立った姿勢から鉄棒の上に上がれたときに達成する喜びを味わえる運動である。その一方で、鉄棒にかかる痛みや後ろに回転する怖さもあって敬遠しがちな運動でもある」といった感じです。

これらの特性を考えて授業を計画することで、子どもたちに運動の本質的な楽しさを味わわせることができるという考え方です。

7

体育授業における授業のUD化の考え方

1 体育授業をUD化する

フロー理論、プレイ論、特性論の他にも、運動文化論、構成主義的アプローチ、挑戦課題などといった難しい理論がそれぞれの立場から主張され、多くの授業研究がなされてきています。

さまざまな立場や考え方の違いはありますが、こういった体育授業を研究する先生方の思いは共通しています。授業づくりの軸は異なっていても、子どものよりよい成長を願う思いは同じです。

授業のユニバーサルデザインの考え方は、こういった授業づくりの理念のうちの1つであり、クラスの中にいる「気になるあの子」のために授業を考えることが、クラス全員の学びにとってプラスになると考えています。

全国授業UD学会副理事長の石塚謙二氏は、授業のUD研究を次のように定義しています。

①教科教育の研究（本質を見失わない）
②通常学級での効果的な指導を追求
③特別に支援を要する子を可能な限り包括し、どの子もわかる授業をめざす
④指導内容等の質的なレベルは下げない
⑤特別支援教育の考え方・手法を生かす

つまり、授業のUD研究は、特別支援教育の考え方や手法に学びながら通常学級でのよい授業をめざす、教科教育の研究ということになります。

このような授業UDの考え方は、これまで多様化し複雑化し飽和状態にある体育授業に新たな視点を提供しています。

「子どものつまずき」をベースに「焦点化」「多感覚化」「共有化」の3つの視点から授業を見直すことによって、多様化、複雑化してきた体育授業が子どもにとっても教師にとってもより意味のある授業へと変わるのです。

2 教師にとっての授業のユニバーサルデザイン化

体育授業をシンプルにしようとする風潮は、全国的に広がりを見せつつあります。ところが、シンプルな授業を提案しようとしているにもかかわらず、まだまだシンプルにしきれていない授業を見ることがあります。教材研究をしたり、体育授業の理論を学べば学ぶほど、思い入れが強くなりすべてを入れたくなって複雑化していきます。シンプルになっているかどうかの指標としては、他教科を専門とする先生や若い先生にその授業が明日すぐにできそうかどうかを聞いてみることです。そういった先生方が、日常的にできるイメージの持てる授業であれば、シンプルになっていると考えてもいいと思います。

学習内容や活動を最大限にシンプルにすることで、子どもたちが這い回らない体育授業ができるようになります。シンプルにした学習内容は、比較的容易に共有化することができます。それにより、単に「できる」ことだけをめざすのではなく「わかってできる」という学びになります。

学習内容や活動が複雑になってしまうと、それを共有化するだけでも時間がかかってしまったり「わかってもできない」という子どもが出てきてしまいます。

また、多感覚化するという視点から、学習カードや話し合いありきの授業ではなく、子ども同士の身体を通した直接的なかかわりを大事にします。それによって、すべての子どもが「わかる」「できる」体育授業が実現できると考えています。

授業のUD化の視点から授業を考えることは、公開授業や研究会でしかやらないような複雑化した体育授業から、(これまでの研究成果に学びつつも)日常の授業でできるような授業への変革とも言えます。


体育授業は、多くの教科・領域の中の1つにしかすぎません。しかし、教科の特徴として、身体を媒介とすることや他者と身体性を伴って関わるというリアリティの中で学ぶという点において、最も重要な教科のうちの1つであると考えています。

そのようなリアリティのある学びは、人を人たらしめることを強化します。AIの活用が爆発的に広がっていく新たな時代において、こうしたリアリティのある学びに基づいて醸成される豊かな感性は、未来を生きる子どもたちにとってますます重要になるのではないでしょうか。

著者略歴

清水由

東京都出身。東京学芸大学卒業、筑波大学大学院修了、東京都公立小学校を経て、現職。筑波大学人間学群教育学類非常勤講師、高千穂大学兼任講師、筑波学校体育研究会理事、体育授業研究会理事・研究委員、日本授業UD学会理事。日本スポーツ教育学会に所属

著書に『気になる子もいっしょに　体育ではじめる学級づくり　ソーシャルスキルのつまずきを学級経営に生かす応援プラン109』(学研教育みらい)、『平成29年版学習指導要領改訂のポイント　小学校・中学校体育保健体育』(明治図書出版)、『気になる子の体育　つまずき解決BOOK　授業で生かせる実践例52』(学研教育みらい)、『水泳指導のコツと授業アイデア』(ナツメ社)、『子どもの運動能力をグングン伸ばす！１時間に２教材を扱う「組み合わせ単元」でつくる筑波の体育授業』(明治図書出版)、『「口伴奏」で運動のイメージ・リズムをつかむ体育授業』(明治図書出版)、『シンプルで子どもの伸びる体育の授業づくりーもっとやさしく、もっとかかわる新たな視点』(明治図書出版) など。

体育授業のユニバーサルデザイン

2019（令和元）年11月23日　初版第１刷発行

著　者　清水 由

発行者　錦織 圭之介

発行所　株式会社　東洋館出版社

〒113-0021　東京都文京区本駒込５丁目16 番７号

営業部　電話 03-3823-9206 ／ FAX 03-3823-9208

編集部　電話 03-3823-9207 ／ FAX 03-3823-9209

振替　00180-7-96823

ＵＲＬ　http://www.toyokan.co.jp

イラスト　おおたきまりな

ＤＴＰ・カバーデザイン　株式会社明昌堂

印刷・製本　藤原印刷株式会社

ISBN978-4-491-03941-1
Printed in Japan